perspectivas para uma **educação transformadora**

Dedicamos estas memórias aos professores, funcionários, pais, estudantes e voluntários da comunidade escolar do Colégio Israelita Brasileiro (CIB) – os grandes autores da mudança –, desejando assim provocar em outras realidades a coragem para inovar na educação.

Um agradecimento muito especial aos membros de várias gestões da mantenedora, que não apenas nos desafiaram a mudar, como também acreditaram no potencial de realização dos profissionais do CIB.

MÔNICA TIMM DE CARVALHO
JANIO ALVES
(ORGS.)

perspectivas para uma **educação transformadora**

como uma escola pode inovar
sem perder sua identidade e propósito

Porto Alegre
2023

© Grupo A Educação S.A., 2023.

Gerente editorial: *Letícia Bispo de Lima*
Coordenadora editorial: *Cláudia Bittencourt*
Capa: *Paola Manica | Brand & Book*
Editoração: *Ledur Serviços Editoriais Ltda.*

As fotos e as figuras ilustrativas de documentos e planilhas apresentadas nesta obra fazem parte do Projeto Israelita 3.0.

P467   Perspectivas para uma educação transformadora : como uma escola pode inovar sem perder sua identidade e propósito / Organizadores, Mônica Timm de Carvalho, Janio Alves. – Porto Alegre : Penso, 2023.
ix, 81 p. : il. ; 23 cm.

ISBN 978-65-5976-020-6

1. Educação. 2. Inovação. I. Carvalho, Mônica Timm. II. Alves, Janio.

CDU 37.07

Catalogação na publicação: Karin Lorien Menoncin – CRB 10/2147

Reservados todos os direitos de publicação ao GRUPO A EDUCAÇÃO S.A. (Penso é um selo editorial do GRUPO A EDUCAÇÃO S.A.)
Rua Ernesto Alves, 150 – Bairro Floresta
90220-190 – Porto Alegre – RS
Fone: (51) 3027-7000

SAC 0800 703-3444 – www.grupoa.com.br

É proibida a duplicação ou reprodução deste volume, no todo ou em parte, sob quaisquer formas ou por quaisquer meios (eletrônico, mecânico, gravação, fotocópia, distribuição na Web e outros), sem permissão expressa da Editora.

IMPRESSO NO BRASIL
PRINTED IN BRAZIL

Autores

Mônica Timm de Carvalho (Org.)
Licenciada em Letras. Diretora executiva da Elefante Letrado Serviços Educacionais LTDA. Especialista em Gestão Empresarial pela Universidade Federal do Rio Grande do Sul (UFRGS). Especialista em Gestão Educacional pela Universidade do Vale do Rio dos Sinos (Unisinos). Mestra em Gestão Educacional pela Unisinos.

Janio Alves (Org.)
Bacharel e licenciado em Filosofia pela UFRGS. Superintendente geral do Colégio Israelita Brasileiro. Especialista em Gestão de Projetos pela UFRGS. Especialista em Gestão Educacional pela Kroton. Mestre em Filosofia pela UFRGS.

Márcia Beck Terres
Pedagoga. Gestora de Inovação e Desenvolvimento Educacional do Colégio Israelita Brasileiro. Head de Inovação para a Educação na Wise Innovation. Especialista em Psicopedagogia Clínica e Institucional pela Pontifícia Universidade Católica do Rio Grande do Sul (PUCRS). Master en Administration des Enterprises pela IAE de Poitiers (França). Mestra em Gestão e Negócios: Estratégia e Competitividade pela Unisinos. Doutora em Design Estratégico pela Unisinos.

Rafael Faermann Korman
Educador. Coordenador administrativo-pedagógico do Ensino Médio do Colégio Israelita Brasileiro. Especialista em Educação: Uso de Dados para Melhoria da Aprendizagem pela Harvard Graduate School of Education. Mestre em Engenharia de Produção: Educação em Engenharia pela UFRGS. Doutor em Educação pela PUCRS.

Roseli Jacoby
Administradora de empresas. Diretora administrativo-financeira do Colégio Israelita Brasileiro. Especialista em Gestão Estratégica pela UFRGS.

Apresentação

Muitas das atuais propostas de inovação em educação centram-se na introdução de novas tecnologias, na criação de novos espaços físicos, na mudança da concepção de gestão, na aprendizagem ativa ou na introdução de novas formas de avaliação para mensurar a aprendizagem. Cada uma dessas iniciativas tem seu mérito e, mesmo realizadas de forma isolada, podem alterar práticas educativas. No entanto, sem uma concepção e um projeto sobre educação que sirvam de orientação, de rumo, essas ações não garantem uma educação transformadora e podem até esconder, sob um verniz de pretensa inovação, a repetição de práticas que mantêm aquilo que Paulo Freire chamava de educação bancária, ou seja, um mero depósito de informações nos alunos.

O diferencial das transformações que o Colégio Israelita Brasileiro tem promovido é exatamente o fato de estarem baseadas em uma concepção de educação que orienta e sustenta todas as iniciativas da escola. Assim, a introdução de novas tecnologias, os belíssimos novos espaços físicos, a gestão e a avaliação não são ações isoladas ou apenas servem a modismos; todas essas iniciativas estão a serviço de um projeto de comunidade de aprendizado e construção de conhecimento por parte dos alunos.

Uma educação que seja transformadora precisa ser uma ação em que professores também sejam sujeitos do processo. Uma proposta de inovação que passe por cima ou ao lado daqueles que nela atuam não é transformadora e não tem chances de ter sucesso. Essa é mais uma das características da educação transformadora proposta pelo Colégio Israelita Brasileiro: ela passa pela formação continuada e pela atuação de professores sujeitos do processo. Sem professores sujeitos (e não objetos) não é possível formar alunos sujeitos. As múltiplas etapas de formação dos professores, com construção de ações coletivas e com a crucial criação de uma universidade de formação profissional dentro da própria escola, são marcas de uma proposta transformadora que entende a importância e dá protagonismo aos professores na sua construção. Foi o investimento em tempos coletivos de construção do currículo que garantiu a transformação da educação no Colégio Israelita Brasileiro. Ao invés de trabalhos isolados de cada professor, o que se vê é a vivência de um projeto de escola e de educação das crianças e adolescentes que aposta neles como cidadãos atuantes no seu processo educativo.

Também a avaliação tem papel crucial no processo de transformação. A avaliação, no Colégio Israelita Brasileiro, não é uma mera classificação dos alunos; ela é fundamental no projeto pedagógico. Na proposta do colégio, a avaliação é não apenas uma maneira de a escola e os professores entenderem como aprendem ou não os alunos – algo crucial para que ações possam ser traçadas no auxílio do aprendizado dos alunos –, mas também como atividade formativa, que serve como mais uma maneira de identificar dificuldades e consolidar saberes.

A presença da dança Israeli no currículo formal, o ensino de hebraico, o ensino de inglês ampliado e integrado a outras disciplinas, o tempo de ensino estendido, a cidade-laboratório (a Ir Ktaná), a nova biblioteca como espaço atrativo para a leitura e o estudo, o novo pátio coberto que permite a convivência, entre outros, são exemplos de iniciativas que foram sendo desenvolvidas no bojo do projeto pedagógico e como formas concretas de viabilizá-lo. Esse projeto de educação tem como centro a concepção de que alunos aprendem quando constroem conhecimento pela vivência de princípios e conceitos; para isso, todas as ações e iniciativas da escola precisam estar a serviço dessa concepção.

O projeto vem garantindo que os alunos se preparem não apenas para viver de forma efetiva na sociedade desafiadora contemporânea, mas para que entendam esses desafios com as ferramentas que as múltiplas disciplinas (científicas, artísticas e filosóficas), em relação, fornecem a eles e para que estejam preparados para encontrar alternativas, novos caminhos, novas formas de resolver os problemas complexos que se apresentam. Para isso, o currículo não está apenas centrado na excelência acadêmica, que é crucial, mas também no aprendizado da convivência com os outros. A atenção para a vivência de espaços que sejam simultaneamente acolhedores e desafiadores é a marca da proposta do Colégio Israelita Brasileiro, um grande diferencial.

Os princípios judaicos também são pilares das ações do Colégio Israelita Brasileiro. Destaco aqui dois desses princípios que se manifestam explicitamente na proposta educacional da escola. O primeiro é a tradição da pergunta, do questionamento, da valorização da curiosidade como central no processo educativo. O segundo é o princípio do Tikkun Olam, ou seja, o compromisso com o aprimoramento do mundo, com o cuidado do outro. A transformação educacional do colégio está fortemente ancorada, portanto, nos pilares que a tradição da comunidade judaica oferece.

O presidente da mantenedora na época da implantação do Projeto Israelita 3.0 costumava dizer algo que acabou por convencer a todos sobre a necessidade da mudança que estava por vir: "O risco maior não é mudar; o verdadeiro risco é exatamente não mudar, manter as coisas como estão e com isso deixar de preparar nossos alunos para um mundo em mudança". Com coragem, o Colégio Israelita Brasileiro mudou e nesse processo construiu uma verdadeira educação transformadora, que serve de exemplo para aqueles que querem viver a experiência de uma gestão que lidera a serviço de sua comunidade, de trabalho intelectual na construção curricular por parte de professores e de protagonismo de alunos na construção de espaços de respeito ao outro e construção de conhecimento que prepara – não no futuro, mas na vivência cotidiana da experiência pedagógica – para uma sociedade cada vez mais desafiadora.

Os profissionais que escreveram este livro que você tem em suas mãos são os responsáveis por conceber e colocar em prática a transformação que se vem vivendo no Colégio Israelita Brasileiro. Eles tiveram o apoio de uma mantenedora que deu liberdade pedagógica a eles, de um grupo de professores que levou a sério o desafio e de pais e mães que aceitaram o desafio de viver a transformação dos tempos e do currículo. Mas são os autores deste livro as personagens centrais desse processo, e o trabalho conjunto e a dedicação deles é o que fez com que hoje possamos falar de uma verdadeira transformação na educação que os alunos do Colégio Israelita Brasileiro recebem. Cada um dos capítulos descreve um dos aspectos centrais desse projeto que merece, sem dúvida, ser estudado!

Desejo a todos uma ótima leitura!

Luís Armando Gandin
Professor titular da Faculdade de Educação e
do Programa de Pós-graduação em Educação da UFRGS.
Pesquisador do CNPq (Produtividade em Pesquisa).
PhD em Educação pela University of Wisconsin-Madison, Estados Unidos.

Prólogo

Decidir mudar não é fácil, especialmente em uma escola.

Muitos profissionais da educação paralisam diante do risco de a mudança vir a apagar princípios e práticas fundadoras das escolas.

O medo de que a inovação e seus novos processos borrem a identidade de uma instituição de ensino é, contudo, uma barreira a ser vencida, pois uma escola que se limita a repetir seu passado está fadada a perder relevância no presente e no futuro.

Perspectivas para uma educação transformadora: como uma escola pode inovar sem perder sua identidade e propósito pretende ser um incentivo à mudança nas instituições de ensino. Para tanto, cinco integrantes da trajetória recente do Colégio Israelita Brasileiro compartilham o relato de alguns dos caminhos escolhidos por essa escola para inovar em suas práticas, sem jamais abrir mão de sua tradição e de seus valores.

Ousadia, foco na visão de futuro e muito trabalho foram os combustíveis dessa mudança permeada pelo compromisso primeiro com a aprendizagem coletiva e de cada um dos que participam dessa centenária comunidade escolar.

Os organizadores

Sumário

Apresentação vii
Luís Armando Gandin

Prólogo xi
Os organizadores

Capítulo 1 1
Perspectivas para uma educação transformadora
Janio Alves

Capítulo 2 25
Sustentabilidade em uma escola inovadora
Roseli Jacoby

Capítulo 3 37
Processo de inovação e gestão da mudança
Márcia Beck Terres

Capítulo 4 49
Liderança no Israelita 3.0
Mônica Timm de Carvalho

Capítulo 5 59
Educação baseada em evidências e
com altas expectativas de aprendizagem
Rafael Faermann Korman

Epílogo 77
Os organizadores

Referências 79

CAPÍTULO

1

Perspectivas para uma educação transformadora

Janio Alves

Este capítulo tem dois objetivos. Primeiro, responder à pergunta: Por que mudar? O que motivou o processo de transformação pedagógica de uma escola centenária e com tanto prestígio como o Colégio Israelita Brasileiro (CIB)? Afinal, os resultados expressos em indicadores tradicionais, como o Exame Nacional do Ensino Médio (Enem) e o ingresso nas universidades mais prestigiadas, há décadas posicionavam a escola entre as melhores do Estado do Rio Grande do Sul.

Uma primeira resposta a essa questão passa pelas inquietações dos atores envolvidos no processo educacional, não com os resultados obtidos nesses exames, mas com os próprios objetivos por eles mensurados. A educação tradicional está preparando os alunos para os papéis sociais e profissionais que desempenharão no futuro? Os jovens da geração *millennials* atribuem significado ou se engajam nas aprendizagens propiciadas por um currículo que foi modelado para resolver problemas que pouco se assemelham aos que irão enfrentar? Eles estão sendo capacitados para resolver problemas transdisciplinares, como o aquecimento global, a erradicação da pobreza, a igualdade de gênero e as demais metas de desenvolvimento sustentável propostos pela ONU (OBJETIVOS..., 2022)? A escola que temos atende a experiência social da infância e da adolescência contemporânea?

É nesse contexto que emerge nosso segundo objetivo: apresentar os principais atributos da proposta educacional desenvolvida pelo CIB em resposta a esses desafios.

OS OBJETIVOS DA EDUCAÇÃO NO SÉCULO XXI

O paradigma que dominou os sistemas educacionais ao longo do século XX entrou em crise com o advento da 3ª Revolução Industrial, definida como a transição da sociedade industrial para a sociedade do conhecimento, por volta dos anos noventa. Crise que se agravou, nas primeiras décadas do atual século, com a chamada 4ª Revolução Industrial (SCHWAB, 2015), fruto do desenvolvimento nos campos da genética, da inteligência artificial, da robótica, da ciência de dados, da nanotecnologia e da biotecnologia.

Tais transformações estão alterando profundamente a maneira como vivemos, como trabalhamos e até como nos relacionamos com o conhecimento. A educação não poderia passar ilesa. Afinal, os sistemas de ensino foram modelados, como instituições sociais, para desenvolver as competências demandadas pelo mundo do trabalho das duas primeiras revoluções industriais, assim como pelas competências requeridas para o exercício da cidadania nas sociedades resultantes da industrialização.

Embora os objetivos de uma educação integral não possam ser reduzidos às demandas do sistema produtivo, a análise das competências requeridas pelo novo mundo do trabalho aponta para algumas causas da crise pela qual passa o sistema tradicional. Pesquisas realizadas nas últimas décadas, por exemplo, apontam para o decréscimo de tarefas que requerem habilidades cognitivas e manuais rotineiras, típicas da era industrial.

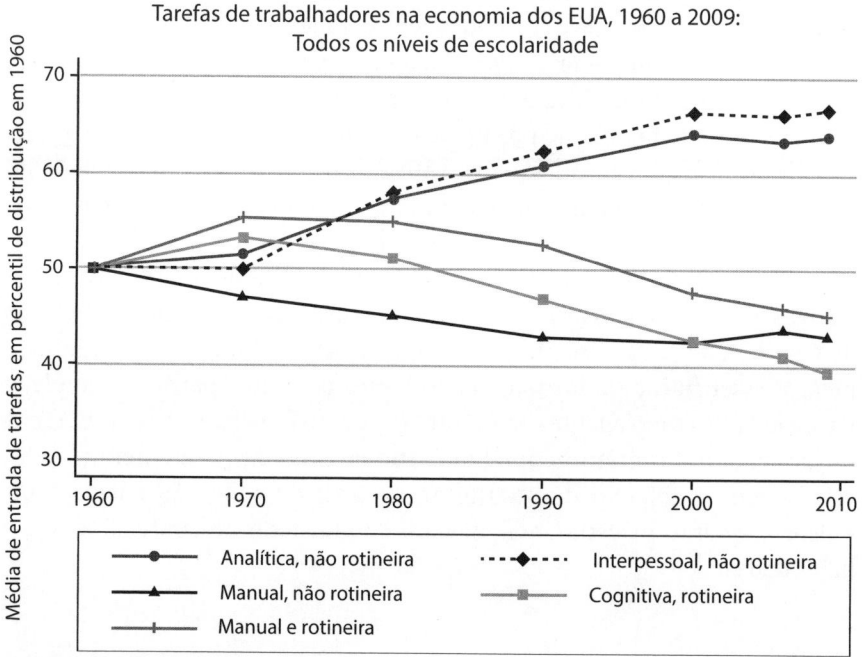

Figura 1.1 Tarefas dos trabalhadores.
Fonte: Fadel, Bialik e Trilling (2015, p. 32).

Um novo conjunto de habilidades e competências está sendo identificado como necessário para atuar no mundo do trabalho transformado por tecnologias, como inteligência artificial e robótica. À medida que decaem as demandas por habilidades físicas e manuais, cresce a demanda por competências tecnológicas, habilidades cognitivas de alto nível, assim como as habilidades socioemocionais[1]. Esse conjunto de competências foi classificado em quatro grandes grupos: cognitivas, interpessoais, de autoliderança e digitais.

Nas primeiras décadas deste século, várias organizações transnacionais dedicadas ao desenvolvimento começaram a indagar se os sistemas educacionais – da educação básica ao ensino superior – estavam preparando os alunos para essa nova realidade. A resposta foi negativa. Como resumiu James Lenge: "A escola que temos não é a escola que precisamos".

Desde então, foram realizados diversos esforços de realinhamento conceitual e de transformação dos sistemas educacionais em todo o planeta. Na década de 1990, a UNESCO encomendou a Jacques Delors, ex-presidente da Comissão Europeia, a preparação de um relatório, intitulado Educação: Um Tesouro a Descobrir, que defendeu a consideração a quatro pilares da nova educação, a saber: *aprender a conhecer, aprender a fazer, aprender a conviver e aprender a ser*. Começava a ruir uma concepção de educação modelada para atender à demanda de profissionais técnicos, em que a memorização, a padronização, a transmissão expositiva de informações e o treinamento eram fatores determinantes para o bom desempenho na era industrial.

Um outro passo nessa direção foi dado pela Organização para a Cooperação e o Desenvolvimento Econômico (OCDE), que empreendeu iniciativas semelhantes. A primeira delas foi o programa Definição e Seleção de Competências (*DeSeCo*), que identificou as habilidades e os conhecimentos essenciais para formar sujeitos aptos para uma participação plena na sociedade, como agentes econômicos e como cidadãos. A segunda foi a introdução do Programme for International Student Assessment (PISA), criado com o objetivo de monitorar, ao final da educação básica compulsória, quanto os estudantes haviam conquistado de conhecimentos e habilidades.

---

[1] https://www.mckinsey.com/industries/public-and-social-sector/our-insights/defining-the-skills-citizens-will-need-in-the-future-world-of-work

O programa DeSeCo classificou as competências do Século XXI em três grandes categorias. Primeiro, os indivíduos precisam ser proficientes no uso de uma ampla gama de ferramentas para interagirem em ambientes mediados pelas tecnologias digitais e em contextos socioculturais complexos. Segundo, em um mundo cada vez mais interdependente, os jovens precisam estar aptos para interagir e cooperar com pessoas com *backgrounds* culturais diferentes dos seus. Terceiro, os estudantes precisam ser capazes de assumir a responsabilidade por gerir a própria vida e a própria aprendizagem, em uma sociedade na qual os empregos diminuem em todos os setores e novas atividades surgem num piscar de olhos.

Desde então, outros movimentos supranacionais buscaram redefinir os objetivos educacionais que as escolas deveriam desenvolver no século XXI. Embora haja uma ampla variedade de formulações e de maneiras de organizar esses objetivos, existe um consenso cada vez maior sobre os tipos de competências e habilidades que devem ser desenvolvidos.

Um dos esforços mais consistentes de consolidação dessas competências foi realizado pelo National Research Center, organização norte-americana oriunda da National Academy of Sciences, que convocou um conjunto de especialistas para produzir o relatório Education for Life and Work: Developing Transferable Knowledge and Skills in the 21st Century (PELLEGRINO; HILTON, 2012). Recorrendo a diversos estudos, o relatório identifica e sintetiza as competências e habilidades da seguinte forma:

Competências Cognitivas

1.1 Processos e Estratégias Cognitivas
Pensamento Crítico; resolução de problemas; análise. Raciocínio e argumentação; interpretação; tomada de decisões; aprendizagem adaptativa; função executiva.

1.2 Conhecimento
Informação e comunicação, alfabetização tecnológica, incluindo pesquisas com uso de evidências e reconhecimento de vieses nas fontes; alfabetização em tecnologias de informação e comunicação; comunicação oral e escrita; escuta ativa.

1.3 Criatividade
Criatividade e inovação.

Competências Intrapessoais

2.1 Abertura Intelectual
Flexibilidade; adaptabilidade; valorização da arte e da cultura; responsabilidade pessoal e social; consciência e competências culturais; valorização da diversidade; adaptabilidade; aprendizado contínuo; interesses e curiosidade intelectuais.

2.2 Ética de Trabalho/Responsabilidade
Iniciativa; autogestão; responsabilidade; perseverança; garra; produtividade; tipo 1 de autorregulação (habilidades metacognitivas); ética; integridade; cidadania; orientação para a carreira.

2.3 Autoavaliação Essencial Positiva
Autorregulação (automonitoramento, autoavaliação, autorreforço); saúde física e psicológica.

Competências Interpessoais

3.1 Trabalho em Equipe e Colaboração
Comunicação; colaboração; trabalho em equipe; cooperação; habilidades interpessoais; empatia e reconhecimento de outros pontos de vista; confiança; orientação para colaborar; resolução de conflitos e negociação.

3.2 Liderança
Liderança; responsabilidade; comunicação assertiva; autoapresentação; influência social sobre os outros.

Constatada a necessidade de ampliar os objetivos da educação do século XXI, estudiosos da educação detiveram-se a observar diversos movimentos, em todos os continentes, para adequar as estruturas curriculares nacionais a essa nova realidade, com maior ou menor sucesso em decorrência das estratégias adotadas para tanto (REIMERS; CHUNG, 2016). No Brasil, a redefinição dos objetivos educacionais esteve presente nos esforços de elaboração e implantação da Base Nacional Comum Curricular (BNCC). O apoio às formas tradicionais de escolarização foi perdendo força, à medida que na sociedade aumentava a consciência de que os jovens não estão aprendendo o que precisam aprender.

Ciente dessas transformações, já em 2014 a comunidade do CIB entendeu que uma escola de excelência, que tem por objetivo formar jovens que exercerão o protagonismo – seja no campo acadêmico, seja empreendendo no mundo do trabalho –, não poderia permanecer inalterada. Como escreveu a Prof ª Dra. Katia Stocco Smole, em breve parecer que redigiu quando lhe foi apresentada a proposta educacional que estava sendo desenvolvida pelo CIB:

> Temos um aluno do século XXI e uma escola que, por vezes, está mais próxima do século XIX em sua organização enrijecida e com um currículo pouco flexível. Esta escola não acolhe os diferentes, está pouco preparada para desenvolver competência e habilidades, tem pouca preocupação com a formação socioemocional dos alunos.

Então, por que mudar? Porque o paradigma educacional em vigor não desenvolve as chamadas competências para o século XXI. As escolas precisam preparar os jovens para as mudanças econômicas e sociais aceleradas e para um mundo caracterizado por volatilidade, incerteza, complexidade e ambiguidade.

Estudos realizados pela OCDE (ORGANISATION FOR ECONOMIC COOPERATION AND DEVELOPMENT, 2001) apresentam um conjunto de cenários para projetar a escola e a escolarização do futuro. Esses cenários, que levam em conta um *cluster* de variáveis, podem ser analisados em termos de uma matriz definida pela maior continuidade ou maior inovação em relação ao paradigma tradicional de organização das instituições educacionais. Gerou-se, dessa forma, uma matriz de tipos ideais de possibilidades, conforme o quadro a seguir.

QUADRO 1.1 Matriz de tipos ideais de possibilidades

Extrapolação	Reescolarização	Desescolarização
CENÁRIO 1 Sistemas escolares altamente burocratizados	CENÁRIO 3 Escolas como centros sociais básicos	CENÁRIO 5 Redes de aprendizagem e aprendizagem em rede
CENÁRIO 2 Extensão do modelo de mercado	CENÁRIO 4 Escolas como organizações centradas na aprendizagem	CENÁRIO 6 Êxodo docente (cenário "meltdown")

No eixo da *extrapolação*, temos uma maior continuidade do *status quo*. Já no eixo da *reescolarização*, temos os cenários que buscam inovar e ressignificar a escola. Por fim, o eixo da *desescolarização* apresenta um horizonte temporal mais dilatado, apontando para a disrupção, com um declínio do papel da escola (ORGANISATION FOR ECONOMIC COOPERATION AND DEVELOPMENT, 2020).

Com o **Projeto Israelita 3.0** – nome que identificou o programa educacional do CIB –, em 2014, a opção estratégica foi pelo eixo da *reescolarização*, o que não significou que elementos dos outros cenários não pudessem ou devessem ser integrados ao Projeto. A tomada de posicionamento estratégico teve o propósito de direcionar os esforços das instituições com referência a um ideal normativo; afinal, as organizações de ensino, posicionadas em um ambiente tensionado por inúmeros fatores, são compreendidas como um sistema aberto e vivo, em que as múltiplas interações favorecem a estruturação de novas dinâmicas relacionais. De instituição fechada e intocável, a escola é provocada a se tornar interativa, aberta, multicultural, inclusiva e plural.

Os cenários 3 (a escola como um centro social básico) e 4 (a escola como organização centrada na aprendizagem) pensam a escola e a escolarização na perspectiva de um *hub* de aprendizagem: as escolas permanecem, mas a ressignificação e a inovação tornam-se a norma. Há uma abertura dos muros, conectando a escola com sua comunidade, favorecendo as conexões com instituições universitárias, com centros tecnológicos, com atores da educação não formal, entre outros.

A EDUCAÇÃO 3.0

A partir do cenário relatado, o CIB enfrentou o desafio de elaborar uma visão de educação capaz de superar uma educação pautada pela lógica industrial e alicerçada nos princípios da previsibilidade, da constância, da padronização, da massificação e da repetição.

Essa elaboração consistiu em um processo colaborativo que envolveu os diversos agentes da comunidade escolar: famílias, professores, estudantes, consultores e pesquisadores em educação. Projetos de instituições inovadoras, no Brasil e no exterior, foram objeto de pesquisa *in loco* e de análise, à luz da produção acadêmica e científica. A visão resultante foi o Projeto Israelita 3.0.

Lançando um olhar retrospectivo sobre a história da educação moderna, identificam-se, em grandes linhas, duas etapas. Até o século XIX, encontramos uma escola e um processo de escolarização adaptados às necessidades de uma sociedade pré-industrial. A partir de 1850, com a utilização do aço, da energia elétrica, dos produtos químicos, somados à invenção da máquina a vapor e dos princípios da administração racional das organizações, a Revolução Industrial espalha-se pela Europa, América e Ásia. As transformações sociais decorrentes da industrialização consolidam o sistema capitalista de produção e alteram profundamente as relações sociais. Em concomitância, a educação, entendida como sistema social aberto (HOY; MISKEL, 2015) em interação e troca com o meio ambiente no qual está inserida, passou por uma série de adaptações e adquiriu novas funções e objetivos. Essas transformações vão se consolidar num conjunto de características que alguns autores, como Lengel (2013), chamam de **Educação 2.0**.

No final do século XVIII, na transição do trabalho agrícola e artesanal para o trabalho nas cidades, a escola se consolida, antes de tudo, como instituição social secundária, reforçando sua função de socialização. É por meio da escolarização que os jovens indivíduos, futuros trabalhadores da indústria, interiorizam as normas, regras e ideologias da sociedade industrial. As escolas requerem comportamentos muito diferentes dos aprendidos na família e, através de diversos mecanismos, preparam as crianças para agir de acordo com novas regras e para os papéis que irão exercer na vida adulta.

Em paralelo ao processo de socialização secundária, a escola exerce um importante papel emancipador, diminuindo as taxas de analfabetismo e tornando acessível a um número cada vez maior de pessoas o conhecimento científico, em áreas como as matemáticas, as ciências naturais e as ciências humanas.

À medida que se constitui a nova escola e se consolida um modelo educacional 2.0 nos séculos XIX e XX, percebe-se que a escola se organiza espelhando o sistema fabril: pouco ou nenhum desenvolvimento do pensamento crítico ou da criatividade; massificação do ensino; espaços e tempos escolares organizados pelos princípios de administração da produção de bens; professores pensados como supervisores e como transmissores de informações; conteúdos escolares padronizados, transmitidos de maneira desconectada da realidade exterior; resultados mensurados em testes de qualidade

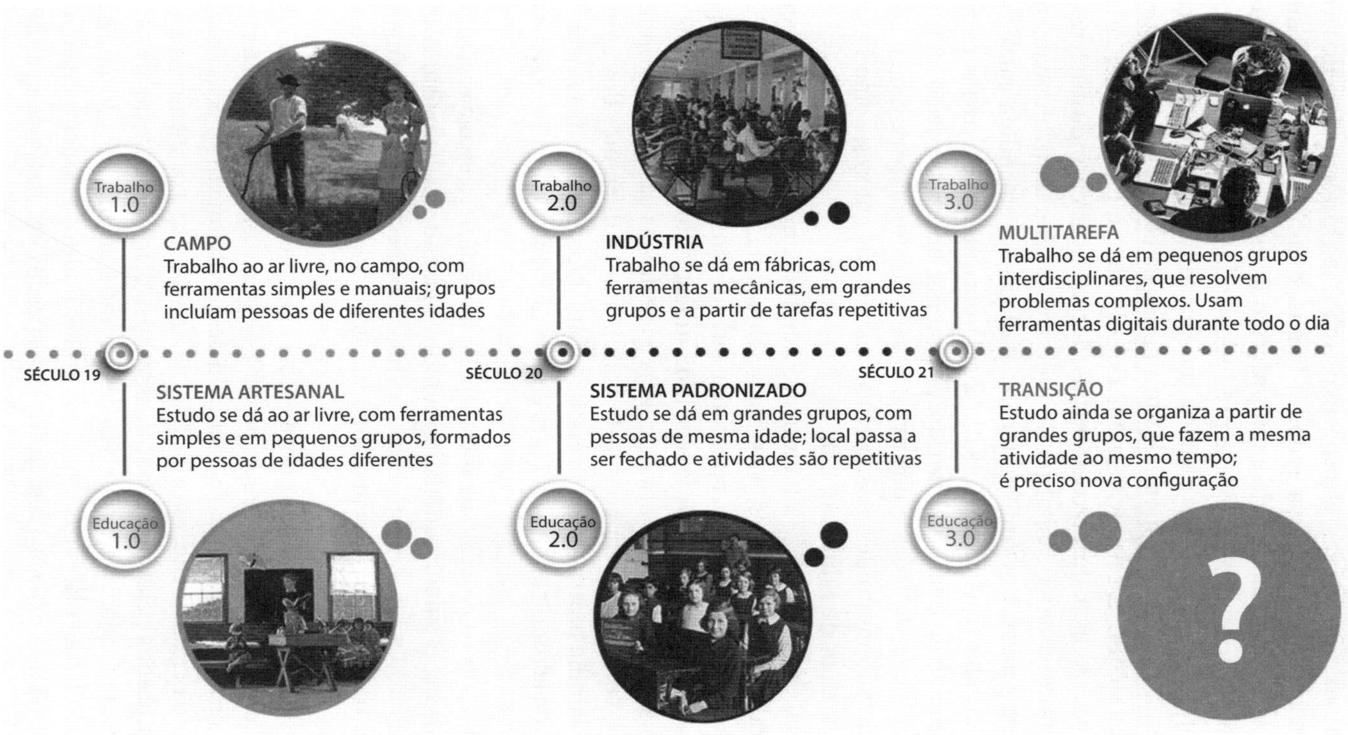

SÉCULO 19

Trabalho 1.0
CAMPO
Trabalho ao ar livre, no campo, com ferramentas simples e manuais; grupos incluíam pessoas de diferentes idades

Educação 1.0
SISTEMA ARTESANAL
Estudo se dá ao ar livre, com ferramentas simples e em pequenos grupos, formados por pessoas de idades diferentes

SÉCULO 20

Trabalho 2.0
INDÚSTRIA
Trabalho se dá em fábricas, com ferramentas mecânicas, em grandes grupos e a partir de tarefas repetitivas

Educação 2.0
SISTEMA PADRONIZADO
Estudo se dá em grandes grupos, com pessoas de mesma idade; local passa a ser fechado e atividades são repetitivas

SÉCULO 21

Trabalho 3.0
MULTITAREFA
Trabalho se dá em pequenos grupos interdisciplinares, que resolvem problemas complexos. Usam ferramentas digitais durante todo o dia

Educação 3.0
TRANSIÇÃO
Estudo ainda se organiza a partir de grandes grupos, que fazem a mesma atividade ao mesmo tempo; é preciso nova configuração

Figura 1.2 Linha do tempo do Trabalho e da Educação: de 1.0 a 3.0.
Fonte: Personalização... (2014, documento *on-line*).

que determinam quem passa para a próxima etapa e quem é retido. E, do ponto de vista epistêmico, os alunos são pensados como tábulas rasas, como destituídos de qualquer saber e que deveriam se conformar a uma atitude passiva no processo de ensino.

Embora esse sistema tenha cumprido seu papel na era da industrialização e tenha emancipado uma parcela considerável da população, ele foi objeto de críticas, desde seu alvorecer, por pedagogos do calibre de Carl Rogers, Lev Vigotsky, Cèlestine Freinet, Jean Piaget, John Dewey, Paulo Freire, Maria Montessori, e tantos outros. No entanto, apesar das modificações que foram sendo incorporadas ao longo da segunda metade do século XX, o modelo permanece vigente e se reproduz em seus elementos essenciais.

Transpondo a célebre análise sociológica, realizada por Thomas Kuhn, na obra *A estrutura das revoluções científicas*, sobre o processo de evolução dos paradigmas no campo das ciências naturais, pode-se dizer que a educação 2.0 constitui-se como um paradigma bem-estabelecido: um conjunto sistemático de teorias, modelos e práticas que respalda a mentalidade dominante.

Os paradigmas entram em crise por não serem capazes de resolver os problemas e as demandas colocados pela sociedade contemporânea. É o que acontece no campo da educação: o modelo de educação tradicional 2.0 não é mais capaz de formar as competências necessárias na era do conhecimento e vai perdendo força aos poucos, até um novo paradigma se estabelecer gradualmente.

Em seu lugar, do ensino superior até a educação básica, tem lugar uma revolução copernicana: o centro do sistema desloca-se do ensino para a aprendizagem. A **Educação 3.0** consiste em avançar de um ensino transmissivo de informações, com os alunos em um papel passivo e centrado na figura do professor como detentor do conhecimento, para um de caráter mais ativo, centrado na aprendizagem e no desenvolvimento das competências e das habilidades dos alunos.

No século XX, a maioria dos países industrializados alcançou a meta de escolarização básica de todas as crianças. Mesmo nos anos de 1920, quando as escolas se tornaram as instituições burocratizadas que conhecemos hoje, a ciência pouco sabia sobre como as pessoas aprendem. Elas foram projetadas em torno de saberes tradicionais e com bases epistemológicas que não haviam sido testadas cientificamente ou validadas por estudos aprofundados. O paradigma 2.0 fazia, e ainda faz, as seguintes pressuposições:

QUADRO 1.2 Migração de paradigma em educação

Paradigma tradicional, centrado no ensino e no professor	Novo paradigma, centrado na aprendizagem
• O professor é o centro do processo de educação.	• O professor é um mediador para a aprendizagem dos alunos.
• O professor tem uma perspectiva disciplinar.	• O professor tem uma perspectiva interdisciplinar.
• Estilo de ensino padronizado.	• Ensino individual, valorizando os diferentes estilos e ritmos de aprendizagem.
• Ensino como transferência e aplicação de conhecimento.	• Ensino como processo para iniciar, facilitar e apoiar o aluno na aprendizagem e no desenvolvimento da autonomia intelectual.
• Ensino fragmentado e baseado no local.	• Ensino integrado e em rede, em que os estudantes podem aprender com experiências locais e com classes-mundiais.
• Ensino para o alcance de padrões em provas e exames.	• Ensino para habilitar à aprendizagem permanente.

- O conhecimento é uma coleção de informações factuais sobre o mundo e procedimentos mecânicos de como resolver problemas. Um exemplo desses procedimentos são as instruções passo a passo de como realizar uma adição com mais de um dígito carregando a soma para a próxima coluna.
- O objetivo da escolarização é transmitir essas informações e procedimentos para os estudantes. As pessoas são consideradas educadas se conseguem reproduzir esses procedimentos e informações enciclopédicas.
- Os professores são os detentores desses conhecimentos, e o ensino consiste em transmiti-los aos estudantes.
- O foco está no ensino e não em como crianças e adolescentes aprendem.
- A efetividade da escolarização é medida em testes que verificam se esses fatos e procedimentos foram adquiridos.
- O ensino deve ser padronizado, pois pressupõe-se que todos os alunos têm a mesma base cognitiva e conhecimentos preexistentes, ou são pensados como tábulas rasas.

A partir da segunda metade do século XX, com a emergência das ciências da aprendizagem, a partir da psicologia, das ciências cognitivas, da filosofia da mente, da sociologia do conhecimento, entre outras disciplinas científicas, começa-se a desenvolver um consenso sobre alguns aspectos do processo de aprendizagem:

- A importância do entendimento conceitual aprofundado dos conteúdos, desenvolvendo competências e habilidades. Os fatos e os procedimentos continuam sendo importantes, mas o conhecimento deixa de ser concebido como simples reprodução de informações e tendo valor em si mesmo, e passa a ser visto no seu aspecto funcional. Um conhecimento profundo é verificado quando o aluno é capaz de aplicá-lo em diferentes contextos.
- Os alunos aprendem quando atribuem significado aos conteúdos e estão envolvidos no fazer. Para tanto são necessárias metodologias ativas, como a aprendizagem baseada em projetos, a aprendizagem baseada em problemas, os estudos de caso, o *blended learning*, a gamificação, entre outras.
- Os alunos aprendem melhor quando eles debatem, questionam, avaliam, analisam e criticam as informações e os argumentos.
- A aprendizagem profunda, que não será perdida logo após o exame, requer que os alunos desenvolvam a metacognição, que sejam capazes de entender e regular seus próprios processos de aprendizagem.
- Ênfase na resolução de problemas e não apenas na resolução de exercícios. Estes visam à reprodução de informações e procedimentos e não o desenvolvimento de um espaço mental que mobiliza competências de ordem cognitiva, operacional e atitudinal.
- Ensino personalizado ou diferenciado, que leva em consideração as múltiplas inteligências e as diferentes necessidades dos alunos.
- Currículo baseado no desenvolvimento de competências e habilidades e não em lista de tópicos. Estes não desaparecem nem perdem importância, pois constituem os objetos nos quais operam as habilidades, mas há uma redefinição do significado dos conteúdos de ensino, dotando-os de sentido prático, abandonando a preeminência dos saberes disciplinares para se centrar em competências verificáveis em situações e tarefas específicas.

O processo de inovação do CIB, portanto, consistiu na migração para o novo paradigma 3.0, marcadamente feito por interdependências na infraestrutura de ensino: na **arquitetura pedagógica** (alunos protagonistas, aprendizagem personalizada, valorização da cooperação, ênfase na interdisciplinaridade, novas formas de avaliação, currículo orientado para o desenvolvimento de competências e habilidade), na **temporalidade** (tempo integral, sequências didáticas, estrutura da aula) e na **estrutura física dos espaços de aprendizagem** (a partir de uma arquitetura modular). Essas interdependências se estabeleceram para dar sustentação a uma aprendizagem mais personalizada, em que são valorizados e considerados os diferentes estilos e ritmos de aprendizagem. Por fim, as práticas pedagógicas buscam não apartar os conteúdos dos saberes dos alunos, oportunizando que os processos de ensino e aprendizagem se realizem predominantemente através da problematização, pesquisa e experimentos, antes de entrar nas etapas de conceitualização e sistematização.

EDUCAÇÃO TRANSFORMADORA NO ISRAELITA 3.0

Como toda mudança sistêmica, a inovação no processo de ensino e aprendizagem envolve diversos atores, tornando necessária uma articulação coerente entre alguns elementos centrais (ALVES; BORBA, 2016): os princípios metodológicos, que orientam as escolhas das estratégias curriculares e pedagógicas adequadas para a formação das competências do cidadão do século XXI; a tecnologia, considerada como ferramenta de apoio ao professor para monitoramento do desempenho dos alunos e como auxílio para o (re)planejamento, além de instrumento viabilizador de estratégias pedagógicas de personalização; os ambientes de aprendizagem, pensados em sentido amplo, seja como espaços físicos flexíveis e diversificados – que permitam ao professor quebrar com a lógica do enfileiramento da escola tradicional –, seja como espaços virtuais – que permitem gerar experiências de aprendizagem híbridas; os alunos ativos no processo de aprendizagem; e o professor em um papel ressignificado, como *designer* de experiências de aprendizagem, curador de conteúdos, colaborador e mediador da construção dos conhecimentos.

A articulação desses elementos no processo de inovação do CIB resultou, como se sabe, no Projeto Israelita 3.0. A realização de uma mudança de paradigma exigiu o respaldo de referencial teórico e o nivelamento conceitual da equipe, para que as pessoas concentrassem esforços em nome de objetivos em comum. A partir de 2015, ano do início da implantação do programa pelas primeiras turmas das séries iniciais do ensino fundamental, o Projeto Israelita 3.0 desenhou um conjunto de atributos que cristalizaram a nova concepção educacional da instituição, orientando os grupos de trabalho, a comunicação com os diversos *stakeholders* e o processo formativo das equipes de trabalho envolvidas.

Princípios metodológicos

Ao se estabelecer como meta o conjunto de competências e habilidades que iriam constituir o perfil do jovem egresso da educação básica, foram formuladas algumas perguntas metodológicas norteadoras: "Como se desenvolvem as competências para o século XXI? Como aprendem os alunos nas diversas etapas do desenvolvimento, considerando as descobertas contemporâneas das neurociências e das ciências da aprendizagem? Quais metodologias são mais eficientes para melhorar a aprendizagem? Quais conteúdos curriculares são essenciais na era do conhecimento? Como avaliar o desenvolvimento de competências e habilidades em sua processualidade? Como integrar o desenvolvimento socioemocional no plano curricular? Como desenvolver estratégias de personalização que quebrem a padronização e atendam aos perfis diversos, aos ritmos e estilos de aprendizagem dos alunos?".

As respostas a questões como essa geraram um conjunto de atributos centrais, a partir dos quais foi sendo desenvolvida a proposta pedagógica da escola:

- **Tempo integral:** para alcançar o desenvolvimento dos sujeitos em suas várias dimensões, torna-se necessário ampliar a jornada do aluno na escola. Isso não significa ampliar o tempo escolar para incluir mais conteúdos e mais disciplinas. O que se busca é uma jornada de aprendizagem com maior qualidade, com tempo para o desenvolvimento de metodologias ativas e maior interação social entre os alunos.
- **Currículo integrado:** para aumentar o engajamento dos alunos e promover uma aprendizagem significativa e profunda, os tópicos acadêmicos são abordados de maneira interdisciplinar, refletindo o mundo contemporâneo e os interesses dos alunos.
- **Avaliação integral e formativa:** a avaliação efetiva deve mensurar a gama de habilidades do estudante – acadêmicas, sociais e emocionais.

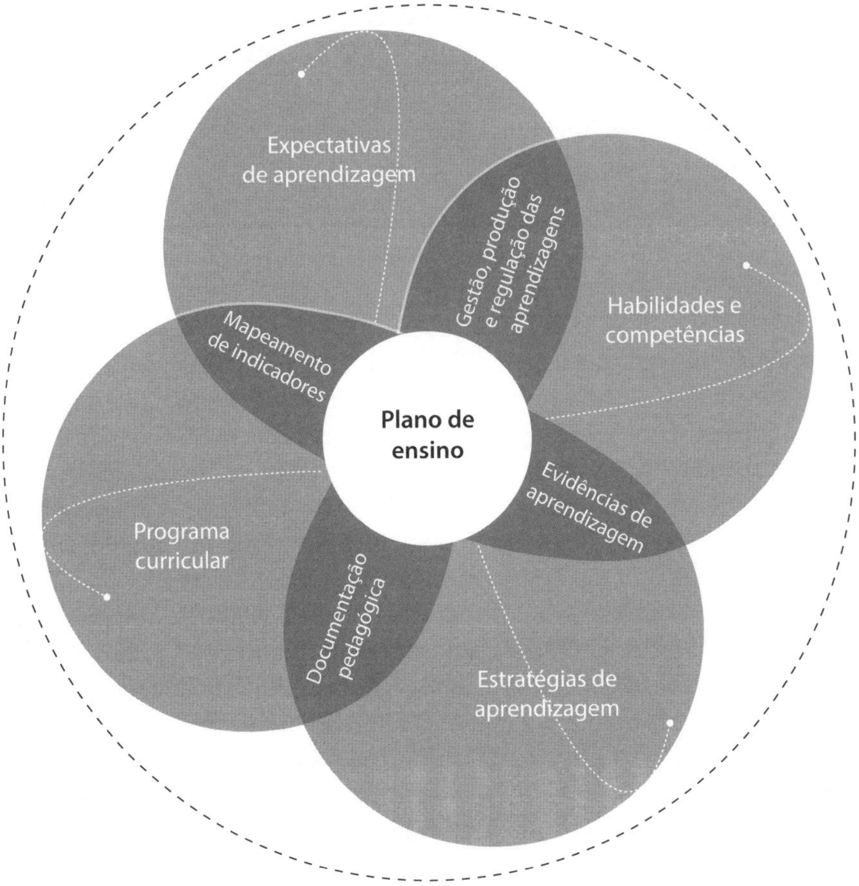

Figura 1.3 Elementos constitutivos das trajetórias de aprendizagem do Israelita 3.0, elaborado por Márcia Beck Terres.

Além disso, a avaliação de competências e habilidades deve incluir portfólios, apresentações públicas, trabalhos colaborativos, avaliações por pares, entre outras.

- **Metodologias ativas:** a educação centrada no aluno, que leve em conta as descobertas das ciências da aprendizagem, opta pelo uso preferencial de metodologias ativas nas sequências didáticas (p.ex., a aprendizagem baseada em projetos – PBL). As metodologias ativas são pedagogias rigorosas centradas na aprendizagem, nas quais os alunos aprendem um tópico através da experiência de resolver problemas abertos estruturados pelo professor. Elas não descartam o momento expositivo, nem as etapas de conceitualização e sistematização, mas os incorporam na atividade, retirando o aluno da posição passiva que lhe é atribuída na educação tradicional.

- **Aprendizagem socioemocional:** aprender a gerenciar as próprias emoções e a colaborar, comunicar-se e resolver conflitos com os outros. As competências socioemocionais, que vão da autogestão e formação do caráter até a resiliência e capacidade de abrir-se para o novo, são essenciais no desenvolvimento de sujeitos integrais. Em uma escola judaica como o CIB, a aprendizagem socioemocional está conectada com a formação da identidade e com os valores da cultura judaica.

- **Personalização:** superar a educação padronizada e padronizadora que desconsidera as diferenças entre os alunos deve ser o ideal normativo de toda educação centrada no aluno. A personalização no nível mais individualizado nem sempre é possível. No entanto, a adoção de metodologias baseadas em projetos e de estratégias de ensino diferenciado podem promover uma educação mais equitativa.

Alunos protagonistas e professores *designers* de currículo

Entender como os estudantes da geração de *nativos digitais* ou *millennials*, que já estão ingressando no ensino superior, pensam e se relacionam com o mundo e com as tecnologias, é o primeiro passo para trazê-los ao centro do processo educativo, com vistas a uma aprendizagem significativa. A mudança do perfil dos alunos impacta o modelo de sala de aula que devemos projetar.

O aluno contemporâneo aprende interagindo, colaborando e fazendo, ou seja, precisa ser considerado como principal ator no processo de construção do conhecimento. Na nova arquitetura pedagógica, incentiva-se seu engajamento, sua participação ativa e desenvolve-se a compreensão de sua própria atividade como aprendiz.

Nesse contexto, o papel do professor também é ressignificado e ganha muito mais relevância. Com a mudança do foco do ensino para a aprendizagem, o docente deixa de ser considerado o único detentor do conhecimento técnico e o responsável por *transmitir*, de maneira expositiva, esses conhecimentos para uma massa de alunos passivos.

Figura 1.4 Alunos protagonistas e professores *designers* de currículo.

O professor passa a ser considerado um *designer de currículo*, alguém que gera possibilidades de aprendizado, percorrendo cooperativamente uma trajetória de transformação. O caráter desse processo não linear abrange os pensamentos divergente e convergente, inseridos em uma lógica de complementaridade e interatividade, transitando em espaços de inspiração, ideação e implementação. Dessa forma, tem a possibilidade de nutrir o currículo com expectativas de aprendizagem que integrem a escola ao contexto atual e no qual o conhecimento é problematizado permanentemente.

Professores *designers* de currículo precisam de novas habilidades e competências cognitivas e relacionais em sua atuação:

- **Prospectivas:** capacidade de realizar competentes leituras de mundo (individual e coletiva), coletando e analisando dados situacionais para proposição de soluções e correções de rumo das aprendizagens.
- **Analíticas:** capacidade de interpretar dados quantitativos e qualitativos.
- **Estratégicas:** saber planificar ações, prototipando sua implementação, em conformidade com a análise de dados e resultados.

- **Comunicativas e colaborativas:** saber comunicar, prospectar e compartilhar experiências e boas práticas com os diferentes públicos (colegas, pais, coordenadores, academia).
- **Empatia:** entender o ponto de vista e ler as emoções dos alunos, saber dar *feedback* construtivo, desenvolvendo as habilidades socioemocionais dos aprendizes.

Aqui reside mais um desafio e uma grandiosa oportunidade para a educação: é necessário prover uma nova estrutura de escola, que acolha e valorize o professor nesse novo paradigma: ser um docente *designer de currículo*. Para tanto, é essencial o contínuo investimento na ampliação dos tempos e composição do planejamento, assim como na capacitação dos professores, pressupostos elementares na legitimação de um ensino comprometido com a excelência. Vale ressaltar que professores bem-preparados possibilitam conexões qualificadas entre as diferentes áreas do conhecimento, acolhendo e explorando relações interdisciplinares e gerando um ambiente de aprendizagem multifacetado.

Tecnologias

A era digital apresenta diversos desafios à educação contemporânea e futura, como pode ser conferido nos relatórios Horizon, elaborados pela Educase (HORIZON..., 2021). As tecnologias digitais tornaram o acesso à informação relativamente fácil e transformaram o âmbito da experiência cotidiana, o domínio político e o âmbito da produção e do consumo. Como aponta Marc Prensky, a humanidade está entrando em uma era cujas tecnologias deixam de ser um instrumento e passam a estar em uma relação de simbiose com o humano. Esse fato – não é necessário prever o futuro para predizer – terá impactos profundos na aprendizagem e, consequentemente, nas escolas. Alguns deles já são realidade no dia a dia das instituições de ensino.

Com o avanço tecnológico, torna-se quase impossível falar de infância e de juventude sem associá-las a computador, *tablets*, jogos eletrônicos, *internet*, celulares, *smartphones* e brinquedos com controle remoto. As novas tecnologias e as novas mídias ajudam a formar sujeitos acostumados, cada vez mais cedo, a lidar com o mundo digital.

É papel da escola também instrumentalizar seus alunos para a interação humana perpassada pela tecnologia digital. Para que a participação na sociedade do século XXI seja produtiva, é preciso cada vez mais que os sujeitos sejam "letrados em tecnologia", ou seja, que apresentem tanto a capacidade de adotar competentemente soluções digitais em suas vidas, quanto de tomar decisões ou mesmo de pensar criticamente sobre tecnologia.

O Projeto Israelita 3.0 adota uma perspectiva dupla sobre as tecnologias: como meio e como fim. Pensadas como meio, as tecnologias são recursos essenciais no desenvolvimento de competências e habilidades dos estudantes e como apoio ao ensino transformador. Como fim, as tecnologias tornam-se, elas mesmas, um objetivo curricular, visando ao desenvolvimento de competências digitais e para além.

- Apoio ao ensino e à aprendizagem: os recursos tecnológicos integrados à sala de aula, através de plataformas e aplicativos educacionais, são capazes de gerar experiências de aprendizagem que não seriam possíveis sem o seu uso ou podem redefinir práticas tradicionais. Não se trata de apenas digitalizar ou trazer melhorias incrementais a práticas educacionais que podem ser realizadas sem recursos tecnológicos, como realizar uma aula síncrona remota usando uma

Figura 1.5 O Projeto Israelita 3.0 adota uma perspectiva dupla sobre as tecnologias: como meio e como fim.

apresentação em PowerPoint. O que se busca são usos da tecnologia que permitam modificar e redefinir a experiência de aprendizagem do aluno, tais como ocorre com o uso de plataformas adaptativas, que permitem a personalização do ensino ou o desenvolvimento de projetos colaborativos com mentores e com alunos de escolas de outras partes do mundo.

- Como ferramenta que permite ao professor a coleta e o processamento das evidências de aprendizagens dos alunos, identificando a relação do aluno com determinado conteúdo, seu ritmo de aprendizagem e suas dificuldades. Com base nesses dados, é possível desenvolver práticas de melhoria das aprendizagens, gerar *feedback* para alunos e professores e um acompanhamento em tempo real dos resultados.
- Na perspectiva curricular, o desenvolvimento de competências digitais e tecnológicas perpassa eixos como o pensamento computacional e a cultura digital, abarcando tópicos de letramento digital, programação, metodologias *maker*, ética da informação e cidadania no mundo virtual.

Espaços de aprendizagem: o terceiro professor

A transformação educacional não está completa se não considerarmos a sala de aula e os ambientes escolares. A educação 2.0 privilegia um formato de organização do espaço de aprendizagem: os alunos organizados em fileiras, com mínima possibilidade de interação com os pares; sentados isolados ou em duplas, para minimizar a interação e as conversas; o professor na frente da sala, como ponto focal das atenções, facilitando o formato de aula *magna* ou de palestra. Todos conhecemos esse formato. Para além das semelhanças com os espaços de trabalho na era industrial e nas repartições burocráticas, essa organização da sala de aula dificulta o desenvolvimento de metodologias ativas – é necessário deslocar os alunos para o laboratório de ciências, por exemplo.

O pedagogo italiano Loris Malaguzzi cunhou a expressão terceiro professor para destacar o papel dos ambientes de aprendizagem como modeladores das experiências de aprendizagem. É sabido que os ambientes influenciam o comportamento. Para termos uma educação centrada na aprendizagem, é necessário pensar a sala de aula e os demais ambientes como espaços que

Figura 1.6 É necessário pensar a sala de aula e os demais ambientes como espaços que de fato mobilizem a aprendizagem.

de fato mobilizem a aprendizagem. Precisam ser locais que possibilitem a atividade dos alunos, a interação aluno e professor, a experimentação e as metodologias ativas.

A nova educação requer espaços flexíveis (CANNON DESIGN; VS FURNITURE; BRUCE MAU DESIGN, 2010) e modulares, com um mobiliário que permita configurações diferentes, de acordo com as atividades propostas pelos professores, e possibilitem a interação entre os alunos. Esses espaços não se restringem à sala de aula, mas se estendem a todos os ambientes escolares (salas multiuso, laboratórios, cozinhas experimentais, espaços *maker*, ginásios, pátios, auditórios, restaurantes etc.), que passam a ser pensados como locais facilitadores da aprendizagem.

A TÍTULO DE CONCLUSÃO

Foram aqui apresentados os pilares que sustentaram a migração de um projeto político-pedagógico para um novo paradigma, marcadamente feito por interdependências na infraestrutura curricular e metodológica, na organização dos tempos e espaços escolares, na interação entre educadores e educandos, entre outros elementos. Essas interdependências seguem se estabelecendo para dar sustentação a um ensino mais personalizado, centrado na aprendizagem dos alunos das competências para o século XXI.

Os desdobramentos e as implicações dessas escolhas, a quantidade de atores envolvidos e a mudança de mentalidades que precisaram ser mobilizadas são muitos e costumam inibir as instituições. As forças estáticas das instituições sociais são extremamente fortes, mas as novas gerações não podem esperar. As crianças têm o direito de participar de escolas que ofereçam condições para o pleno desenvolvimento de seus potenciais, e isso só é obtido à base de inovação em educação.

CAPÍTULO

2

Sustentabilidade em uma escola inovadora

Roseli Jacoby

Até chegar no Projeto Israelita 3.0, a escola vinha se preparando estruturalmente e estrategicamente para a virada de chave. Tudo foi planejado e criteriosamente estudado, sendo cada passo calculado, projetado, monitorado e medido. Nada aconteceu por acaso. Foi um processo de amadurecimento e profissionalização institucional.

Os contornos do atual processo de mudança começaram em 1997, quando o CIB vinha de um período de perda sequencial de alunos, muito em decorrência da baixa atratividade da escola, dando claros sinais de que algo não estava bem. Além disso, a saúde financeira da escola estava muito comprometida, sem recursos para o pagamento das contas mais básicas. Isso ocorreu porque, mesmo perdendo alunos ano a ano, a instituição não encaminhou medidas de adequação de sua estrutura de custos. Portanto, na época, a despesa continuava crescendo, enquanto a receita diminuía devido à perda de alunos. Soma-se a isso o fato de que, até 1997, o Israelita posicionava-se como uma escola fechada, voltada quase que exclusivamente à comunidade judaica de Porto Alegre (posicionamento de nicho).

Naquele mesmo ano, houve um importante movimento comunitário de pais que estavam insatisfeitos com o projeto da escola. A partir desse fato, uma nova gestão estratégica tomou posse via processo eleitoral, constituindo a nova diretoria da mantenedora. Constatou, então, a necessidade de iniciar um processo de mudança que refletisse um possível reposicionamento institucional.

Em 1998, introduziu-se o Planejamento Estratégico como ferramenta de gestão. Durante os cinco anos seguintes (de 1998 a 2003), a escola aprendeu a lidar com o planejamento estratégico; criou diferentes planos de ação, abrangendo não somente o desenvolvimento de melhorias pedagógicas, mas também o saneamento financeiro; revisou todas as suas estruturas de custos e constatou que precisava deixar de atuar como uma escola de nicho para tornar-se uma escola capaz de ser atrativa para diferentes públicos, com alto grau de diferenciação.

O projeto pedagógico do CIB precisava, portanto, ser modificado. Nos primeiros cinco anos de implementação do Planejamento Estratégico, foram desenvolvidos alguns dos projetos pedagógicos que dariam sustentação ao futuro do CIB, com destaque à Ir Ktaná (cidade-laboratório) e ao Projeto *Curriculum Vitae* (primeiro movimento articulado com vistas à personalização do ensino).

IR KTANÁ (CIDADE-LABORATÓRIO)

Com a conscientização de que algo precisava ser feito, o CIB iniciou um processo de revisão de sua estratégia. Concomitantemente a isso, a gestão administrativo-financeira deu início a um importante movimento de revisão de custos, modificando radicalmente a forma de gerir o negócio. O endividamento da escola era bastante expressivo, e foi necessário desenvolver também um plano de recuperação econômica. Uma profunda intervenção na gestão financeira foi realizada, com planos de ação específicos voltados a zerar o endividamento da escola. A partir de um sistema de dotação orçamentária, o principal objetivo era chegar ao ponto de equilíbrio. A meta,

Figura 2.1 Ir Ktaná (cidade-laboratório).

durante muitos anos, foi empatar, e esse objetivo foi alcançado às custas de muito ajuste na estrutura de pessoal e corte de investimentos.

Entretanto, isso não era suficiente. Uma escola que se propõe a se posicionar como uma escola de diferenciação necessita investir. Não há crescimento sustentável que se construa sem investimento estrutural – aqui, entenda-se desde o investimento nas estruturas físicas como na qualificação do ativo humano – este último, o principal responsável por criar e sustentar um projeto pedagógico inovador.

O período seguinte (de 2008 a 2013) pode ser definido como de uma profunda imersão em pesquisa e desenvolvimento, visando à ruptura de ideias pedagógicas até então praticadas. Para tanto, o alinhamento estratégico foi indispensável.

O embrião desse segundo movimento recebeu o nome de **Projeto Triple A**, o qual deveria tornar o CIB uma escola de referência em educação. Esse projeto teve como visão estratégica alicerçar a escola em 10 objetivos fundamentais (PROJETO..., 2008):

- **ter uma identidade clara e reconhecida por todos os seus públicos:** definição de que os valores judaicos e os princípios comunitários seriam a sustentação da existência da escola;
- **ser uma organização que aprende:** ter na pesquisa, no estudo, na produção de conhecimento aspectos constitutivos dessa nova cultura organizacional;
- **conferir atenção especial à liderança e às relações de poder:** alicerçar o processo de mudança organizacional em uma gestão profissional, de alta performance;
- **alinhar o trabalho de equipe utilizando estruturas enxutas e auto--organizadoras:** enfatizar a importância da atividade sobre a passividade, da autonomia sobre a dependência, da flexibilidade sobre a rigidez, da colaboração sobre a competição, da abertura sobre o fechamento, da prática democrática sobre a crença autoritária. Nesse sentido, a estrutura de pessoal precisa estar adequada às novas perspectivas estratégicas e práticas de gestão.
- **investir enfaticamente na formação de seus profissionais:** os colaboradores, em especial os professores, precisam qualificar-se permanentemente, fazendo intercâmbios sistemáticos com outros polos de excelência e desenvolvendo autonomia para a resolução de problemas

e promoção de significados, sempre evidenciando o comprometimento com os valores da escola;

- **estruturar seu projeto político-pedagógico:** a educação pautada pelo valor da inclusão e pelo valor da exigência acadêmica, tendo por foco de ensino o trabalho para o desenvolvimento das arquicompetências leitora e lógico-matemática;
- **enfatizar a formação de vínculos:** fortalecer o sentido de pertencimento, as redes de relacionamento. Cada aluno deve ser valorizado e acompanhado de perto;
- **dispor de recursos físicos e equipamentos de ponta:** garantir as melhores condições para a realização do processo de ensino-aprendizagem. Sinergia total entre a identidade de espaço e o projeto político-pedagógico da escola. Forma e conteúdo devem ser coerentes entre si, e ambos devem comunicar o posicionamento da instituição;
- **relacionar-se focada e competentemente com seus diferentes públicos:** abrir espaços organizados para a participação e colaboração de todos os envolvidos na vida da escola; e
- **obter resultados que orgulhem a todos,** tanto pedagógicos como financeiros, buscando a sustentabilidade.

Embora o Projeto Triple A tenha, à época, alcançado alguns dos seus objetivos, o alunado continuava caindo, e as intervenções visando ao realinhamento financeiro permaneciam demandando constantes cortes na estrutura de custos. Não havia capacidade de investimento em melhorias físicas que pudessem dar sustentação às mudanças pedagógicas. A capacidade de investir na formação e capacitação das pessoas era também muitíssimo limitada.

Foi então que, em 2013, em nova revisão do Planejamento Estratégico, chegou-se à conclusão de que a intervenção na mudança deveria ser ainda mais profunda. Ficou nítido que a comunidade judaica local (que, a exemplo da população nacional, apresentava forte retração na taxa de natalidade) não seria capaz de sustentar um projeto educacional de ponta contando apenas com as matrículas de crianças judias. Para suportar um projeto que pretendia ser transformador, com alta demanda de investimento e com custo operacional (*ticket* médio) bastante elevado, seria preciso abrir-se mais à comunidade ampla.

Vale mencionar que o CIB já havia deixado de ser uma escola exclusiva para a comunidade judaica, porém, até 2014, os alunos oriundos da comunidade ampla vinham em busca de bolsas de estudos por ser uma escola filantrópica certificada pelo MEC.

Diante daquele contexto, o primeiro grande desafio foi gerar o aumento da atratividade para conquistar alunos novos preferencialmente pagantes (já que para vagas com bolsa de estudos havia lista de espera). Para tanto, era preciso oferecer algo transformador na educação, que despertasse o interesse de novos entrantes, fidelizasse os alunos já matriculados e, assim, revertesse o movimento da curva decrescente do alunado.

Foi então que, mais uma vez, a gestão estratégica teve altíssima relevância nas definições tanto de projeto como de posicionamento mercadológico. Alicerçada no projeto anterior, Triple A, a mantenedora demandou que a direção do CIB apresentasse novo projeto – desta vez, sem filtro algum e sem limite orçamentário para investimentos.

> Apresentem o melhor projeto, que nós (mantenedora) vamos tratar de buscar os recursos necessários, junto à comunidade judaica da cidade de Porto Alegre e do Brasil. Faremos um grande movimento comunitário. Temos certeza de que, sendo um bom o projeto, ele será viabilizado. (PROJETO..., 2012, p.4).

Foram dois anos (de 2013 a 2014) de muita pesquisa, dentro e fora do país, em busca de referências *(benchmarking)*: viagens de intercâmbio com escolas e universidades de vários continentes, escritura de pré-projetos, realização de grupos de debates com personalidades da educação – tudo no sentido de desenhar aquilo que viria ser a grande mudança. Nesse período, foram criados quatro grupos de trabalho (Pedagógico, Arquitetônico, Captação de Recursos e Financeiro).

Iniciou-se, então, naquele momento, a construção do Projeto Israelita 3.0, e, como ferramenta de gestão desse processo, adotou-se o método denominado Diagnóstico, Pesquisa e Desenvolvimento, Implantação e Melhorias (DPDIM).

O Projeto Israelita 3.0 foi empacotado, e o grupo responsável pela captação dos recursos iniciou o trabalho de sensibilização dos potenciais patrocinadores. A ação foi um sucesso, e em pouco tempo foi arrecadado o montante necessário para a implantação do projeto-piloto no 1º ano do Ensino Fundamental 1 (EF1).

Naquele momento, a mantenedora e a direção do CIB perceberam que estavam diante do início de um possível *case* de sucesso. Bastava que as projeções de aceitação das famílias se confirmassem para que o novo projeto se pagasse operacionalmente através da confirmação das matrículas.

Nenhum passo foi dado sem antes serem realizados vários testes de consistência utilizando-se das ferramentas criadas para verificar a sustentabilidade do novo projeto. Todos os diferenciais pedagógicos traduziam em si mesmo o posicionamento estratégico, os valores e a visão do CIB. Ou seja, a estratégia da escola estava dentro da sala de aula, em total sintonia com os propósitos institucionais.

Uma organização é um ser vivo, que depende de algumas condições essenciais para seu desenvolvimento e/ou sobrevivência. Há organizações que sobrevivem e há as que se desenvolvem. O CIB saiu do estado de sobrevivência – inclusive econômica – para o estado de desenvolvimento.

À medida que os investimentos foram sendo executados na infraestrutura física, em tecnologia, no ativo humano e nos projetos pedagógicos, a atratividade do CIB foi naturalmente aumentando, a taxa de ocupação cresceu, o índice de fidelização teve sua curva verticalizada para cima, o

Figura 2.2 Campanha comunitária de captação de recursos.

alunado foi se ampliando ano a ano e, por fim, conquistou-se a tão sonhada sustentabilidade.

Com a virada de chave obtida com o Projeto Israelita 3.0, o CIB aumentou em mais de 30% sua taxa de ocupação, ampliando o número de alunos pagantes proporcionalmente aos entrantes bolsistas e, consequentemente, suas receitas cresceram acima de suas despesas (ganhos decorrentes da escala). A operação passou a ser superavitária, gerando lucro operacional.

É importante que se diga que uma instituição filantrópica precisa, sim, ter lucro, não para gerar dividendos a acionistas, mas para obter superávit que oportunize investimentos em inovação. Educação hoje não subsiste sem inovação permanente, conquistada por meio de resultados positivos, e esses só são obtidos e sustentados quando existe uma gestão financeira atenta e voltada a tudo que envolve a administração dos ativos organizacionais.

Alguns dos principais aspectos da gestão administrativo-financeira são destacados a seguir.

- **Gestão orçamentária:** a definição de verbas anuais para cada centro de custos, identificando claramente os investimentos que seriam aportados em projetos especiais, fundos de contingências, qualificação das estruturas operativas e manutenção do patrimônio predial e tecnológico sempre esteve alinhada à estratégia e ao projeto pedagógico da escola.
- **Gestão de recebíveis:** o controle da inadimplência é, sem dúvida, um fator crítico ao sucesso da gestão da carteira de créditos a receber. Atuar rapidamente na cobrança dos clientes inadimplentes, ter planos alternativos para a renegociação de dívidas, personalizados às condições de cada cliente, são algumas das práticas da gestão financeira do CIB que muito contribuem para que a inadimplência anual seja inferior a 3%.
- **Estruturas operativas enxutas, mas de alta performance:** times integrados, com visão e entendimento sistêmico e ação colaborativa também fizeram e seguem fazendo muita diferença no atingimento e manutenção da sustentabilidade do CIB. Dar protagonismo aos profissionais envolvidos, com alçadas bem-definidas e liberdade de atuação, tornam o atingimento das metas um objetivo comum a todos.
- **Gestão dos custos:** a permanente análise dos custos operacionais, fixos ou variáveis, sem dúvida é outro fator que muito contribui para

Perspectivas para uma educação transformadora **33**

Figura 2.3 Design Sprint para projetação do novo pátio, desenvolvido pelo arquiteto e urbanista Guilherme Takeda envolvendo toda a comunidade escolar.

Figura 2.4 Imagem aérea do novo pátio.

o atingimento da sustentabilidade do CIB. Todos os custos são constantemente medidos e avaliados, comparados entre si, no tempo presente e em séries históricas, para que a gestão financeira melhor defina onde, quando e como atuar para o equilíbrio dos custos da escola.

- **Política de preços:** a definição de preços é uma das mais difíceis tarefas na gestão de qualquer negócio. No CIB, a primeira regra é compatibilizar os custos projetados e as receitas previstas para cada exercício, estimando três diferentes cenários: pessimista (retração do alunado), realista (alunado vigente) e otimista (aumento de matrículas). Para cada cenário, é definida uma dotação orçamentária de custos, e os preços seguem a demanda orçamentária, sempre em equilíbrio com os índices de inflação projetados para o período orçamentário. Só se gasta ou consome o limite correspondente ao lastro das receitas, considerando uma margem de rentabilidade (lucro) a ser reinvestida na qualificação do projeto pedagógico.

- **Fundos de contingências:** outra prática adotada pelo CIB é a provisão de fundos de contingências. Dentro da definição orçamentária operacional, são alocadas verbas para alocações não previstas ou não claramente definidas, tais como contingências referentes a ações trabalhistas, previdenciárias, tributárias etc. Esses recursos ficam bloqueados em contas orçamentárias, seu uso sendo permitido apenas em casos de confirmação de alguma ocorrência associada a esses fundos. Quando não se confirmam tais ocorrências, as verbas destinadas a elas podem ser transferidas para a conta de resultado, agregando margem contributiva à sustentabilidade.

- **Painel de indicadores:** tudo o que não é adequadamente medido não é devidamente gerenciado. Partindo-se desse pressuposto, uma das práticas mais intensivas no CIB é a gestão por indicadores. Aspectos que dizem respeito à gestão financeira da escola e seus objetivos de resultado são organizados e tabulados em um painel de controle de indicadores, monitorado diariamente pela gestão administrativo-financeira e apresentado mensalmente à Comissão Financeira da mantenedora.

Quando a gestão do CIB decidiu redefinir seu posicionamento, criando e desenvolvendo uma cultura organizacional voltada à nova estratégia, quando investiu em pesquisa e desenvolvimento buscando idealizar o melhor projeto pedagógico possível, quando a dotação orçamentária se tornou protagonista nas decisões econômicas e financeiras e, por fim, quando a escola alinhou todas as suas estruturas operativas aos novos princípios de gestão, aconteceu a virada de chave.

A postura estratégica, como alicerce para a sustentabilidade, garantiu ao CIB o posicionamento de escola inovadora, capaz de investir na melhoria de seu projeto e processos, reter seus clientes e atrair novos entrantes pela qualidade de seu projeto pedagógico, sem jamais perder sua essência de escola comunitária judaica e filantrópica.

CAPÍTULO 3

Processo de inovação e gestão da mudança

Márcia Beck Terres

Pensar no desafio de posicionar a escola em um contexto marcado por uma demanda expressiva de inovação e diferenciação implica, antes de tudo, a disposição para projetar e gerenciar processos de mudança. Nesse sentido, a definição, a articulação e a coordenação das etapas da mudança são elementos de sustentação para que se atinjam os propósitos pretendidos. Maturana e Varela (1995) apontam que a história é um processo de transformação através da conservação. Assim, gerir a mudança em uma organização como o CIB, organização com um século de existência, exige que se tenha a dimensão da transformação pretendida e da complexidade desse processo.

O CIB sempre valorizou sua história, sua cultura e sua identidade nos processos que impulsionaram as transformações organizacionais. De modo complementar, sempre buscou ter o cuidado para alinhar os fazeres da escola às novas tendências educacionais, o que exigiu das pessoas uma visão sistêmica, contextual e colaborativa. As capacidades de ver, prever e fazer precisavam favorecer a análise das correlações que remetem à produção de sentido e à exploração de novas possibilidades, sem jamais perder de vista os valores que sustentaram os 100 anos de existência da instituição.

O movimento para a mudança numa escola jamais é neutro. Ele sempre parte de um compromisso com uma transformação social e cultural, mesmo que dentro dos contornos da própria instituição. No caso do CIB, a mudança pretendeu transcender sistemas educacionais convencionais, buscando uma tomada de consciência das novas necessidades, uma atuação orgânica responsiva às demandas que se impõem à organização e, fundamentalmente, um *modus operandi* propositivo, permeado por novos significados.

Processos de inovação e mudança em educação, nessa ótica, tensionam e questionam o *status quo*. A complexidade implicada numa inovação impacta diretamente a fluência da tomada de decisão, que pode se tornar mais lenta e difícil. Ainda assim, é preciso privilegiar a participação dos diferentes envolvidos na resolução dos problemas à rapidez na definição da condução à mudança. Minimizar a importância da criação de espaços

Figura 3.1 O CIB sempre valorizou sua história, sua cultura e sua identidade nos processos que impulsionaram as transformações organizacionais.

de reflexão permanente pode comprometer a execução e os resultados dos contínuos ajustes que toda inovação pressupõe (HERNÁNDEZ *et al.*, 2000).

> Em ruptura com as ideias dominantes na metade do século XX, sabe-se hoje que, para conduzir a mudança no interior dos sistemas educacionais, a ação apenas sobre as estruturas não é suficiente [...]. Para permitir que os sistemas tirem proveito das aprendizagens, é necessário zelar pela evolução simultânea da estratégia, da cultura e da identidade profissional dos atores e dos subsistemas, das estruturas, do sentido da ação coletiva e dos conhecimentos mobilizáveis. (THURLER; MAULINI, 2012, p. 249).

Essa compreensão da gestão também evita a padronização de ações. Em contraste com os enfoques mais conservadores e lineares de processos e projetos, cabem nesse cenário meios para que a inteligência coletiva possa destacar-se na dinâmica organizacional. De acordo com Thurler e Maulini (2012), um sistema pode ser considerado inteligente a partir de alguns indicadores básicos, tais como: configuração e estruturação baseada em saberes; valorização da diversidade e dos conhecimentos dos agentes envolvidos, dos subsistemas e do próprio sistema; apoio de dispositivos de análise e medição de indicadores e resultados; ferramentas de avaliação; articulação ao ambiente imediato, levando em consideração o contexto de atuação; estruturação de processos; favorecimento da colaboração em redes internas e externas.

Nesta amplitude, uma gestão educacional voltada para inovação e aprendizagem considera a análise e a solução de problemas complexos, reconhecendo a importância da processualidade e da exploração de diferentes pontos de vista:

> A inovação do século XXI definitivamente não é uma atividade solo, mas sim um jogo com múltiplos participantes que [...] extrapola os limites departamentais da empresa e alcança agentes externos que possam vir a colaborar no processo de inovação. Vivemos em tempos de globalização em que conexões e a habilidade de encontrar, formar e explorar relacionamentos criativos são condições essenciais. (BESSANT; TIDD, 2009, p. 38).

Assim, o processo de mudança no CIB buscou favorecer o aprendizado coletivo. Para tanto, houve a opção por um viés transdisciplinar, em que fundamentos da gestão, da pedagogia e do *design* convergiram na proposição de uma visão estratégica mais sistêmica, criativa e inovadora.

No entanto, a fim de que esse viés transdisciplinar saísse das práticas isoladas em direção a uma ação em rede, foi necessário consolidar o propósito educativo, conectar os diferentes agentes e sustentar novas formas de organização das pessoas, o que requer novas habilidades e competências de gestão.

Em 2015, optando pelo desafio de posicionar os processos de gestão em um patamar de cocriação, estabeleceu-se como ponto de partida o Planejamento Estratégico da Escola, que anunciava uma nova visão para o CIB.

A lógica e os princípios do Projeto Triple A (Fase 2, 2012) – Judaísmo, Excelência Acadêmica e Gestão – já vinham revitalizando o desenho organizacional.

> Dessa forma, intenciona-se posicionar o Colégio como uma instituição que, analisadas as expectativas e valores subjacentes ao comportamento da sua comunidade, possa optar pela proposição de novas maneiras de fazer educação e de desenvolver vínculos de identidade. O fato é que não há mais como pensar

em organizações que não mudam, e o Triple A, ao constituir-se com base em dados e estudos sobre a realidade em que está inserido o Colégio, pretende fundamentalmente fornecer estruturas para a proposição de significados – sempre considerando a missão da escola – e para a ação. (PROJETO..., 2012, p. 8).

Num segundo movimento de mudança, foi redimensionado o desenho organizacional, tendo por inspiração o Modelo Estrela, de Jay Galbraith (1995).

Nesse Modelo, as políticas são compostas por cinco áreas definidas pela Estratégia, que direciona o movimento e a relação de reciprocidade entre os grupos. Ressalta-se a importância do alinhamento e a conexão das áreas (OSTERWALDER; PIGNEUR, 2011).

Em relação à ESTRATÉGIA – que delineia e congrega metas e objetivos, valores e missão da organização –, destacam-se alguns procedimentos de gestão empregados com vistas à sua apropriação pelos diferentes agentes da escola:

- clarificação e tradução dos propósitos estratégicos institucionais, englobando o ambiente de aprendizagem organizacional (p.ex., a Universidade Corporativa do Colégio Israelita Brasileiro – UniCCIB) e demais mecanismos de comunicação;
- orientação do trabalho colaborativo para o futuro, evidenciando uma visão holística e uma abordagem centrada nas pessoas.

Quanto à ESTRUTURA – formato organizado que determina o estabelecimento das relações de poder e o favorecimento do trabalho colaborativo:

- alteração do organograma vigente à época, dando maior ênfase para o nível tático e descentralizando a tomada de decisões da direção;
- redução da equipe da superintendência (direção da escola), alargando as possibilidades para a composição de um formato menos verticalizado;
- implementação de alguns espaços compartilhados para estudo e cocriação, de caráter experimental e exploratório, incluindo a gestão;
- proposição de combinação de métodos divergente e convergente, do pensar fazendo a partir do experimental e exploratório, do pensamento integrativo e do trabalho colaborativo.

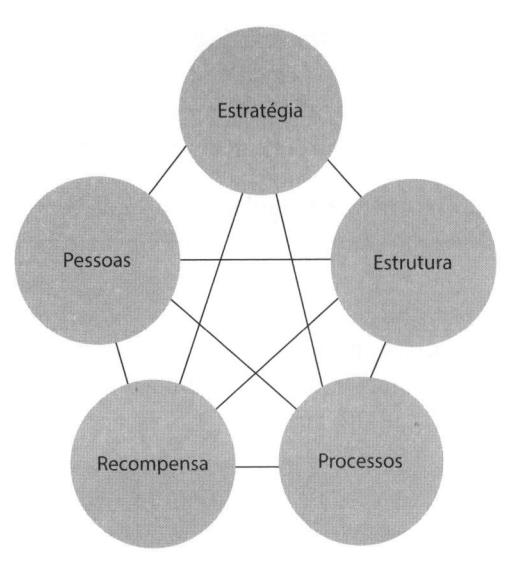

Figura 3.2 Modelo Estrela, de Jay Galbraith.
Fonte: Adaptada de Osterwalder e Pigneur (2011).

No que toca aos PROCESSOS – determinantes para a circulação da informação e para a coordenação das ações:

- disseminação dos novos processos de gestão;
- ampliação dos encontros/reuniões envolvendo a representatividade dos interlocutores da organização;
- criação de espaços de inspiração, ideação e implementação, em consonância com o viés metodológico do *design*;
- foco no pensamento integrativo e na redução de hierarquias.

RECOMPENSA – alinhamento das pessoas aos objetivos da organização:

- aspecto não vislumbrado na organização por ter sido considerado como não aplicável naquele momento de transição.

Quanto às PESSOAS – políticas de recursos humanos e desenvolvimento:

- revisão das políticas e processos de recursos humanos, investindo na formação do perfil dos profissionais em compatibilidade com a estratégia da escola;

- formação continuada e capacitação para a mudança, incluindo a todos, gestores e colaboradores.

Após descritas as definições de cada uma das cinco áreas, foi idealizada referência de processo de mudança, com a finalidade de oportunizar o redimensionamento da abordagem da gestão na escola, a geração de novas ideias e de novas e melhores práticas.

A nova referência de processo veio dar sustentação ao propósito de melhor operar na incerteza – viés da complexidade –, em que o processo de mudança foi beneficiado por uma diversidade de conexões. Ao invés de tratar as áreas isoladamente, utilizou-se a lente da complexidade para obter uma visão sistêmica e integradora.

Nesse contexto, ao nutrirmos sistemas educacionais com o envolvimento de diferentes agentes – valorizando processos e espaços com vistas à ativação da contribuição coletiva em um fluxo orgânico de relações –, endereçamos a educação a uma perspectiva ecossistêmica.

O conceito de ecossistema articula-se com um viés sociocultural, com a ideia do reconhecimento dos processos e das interações que se dão por meio de um conjunto de agentes, em que o fluxo colaborativo é constante, assegurando uma dinâmica entre ordem e desordem e interferências entre sistemas. Essa processualidade é vista como geradora de um fluxo criativo que transcende diferentes sistemas e contextos socioculturais, oportunizando ações transformadoras.

> Nos ecossistemas, a complexidade da rede é uma consequência da sua biodiversidade e, desse modo, uma comunidade ecológica diversificada é uma comunidade elástica. Nas comunidades humanas, a diversidade étnica e cultural pode desempenhar o mesmo papel. Diversidade significa muitas relações diferentes, muitas abordagens diferentes do mesmo problema. [...].
> No entanto, a diversidade só será uma vantagem estratégica se houver uma comunidade realmente vibrante, sustentada por uma teia de relações. [...] se a comunidade estiver ciente da interdependência de todos os seus membros, a diversidade enriquecerá todas as relações e, desse modo, enriquecerá a comunidade como um todo, bem como cada um dos seus membros. Nessa comunidade, as informações e as ideias fluem livremente por toda a rede, e a diversidade de interpretações e de estilos de aprendizagem — até mesmo a diversidade de erros — enriquecerá toda a comunidade. (CAPRA, 2006, p. 222).

Figura 3.3 Turma da UniCCIB 2022 – Núcleo 3.

Ecossistemas educacionais e instituições de ensino do futuro precisam ser projetados de tal maneira que sejam capazes de promover trajetórias individuais de aprendizagem e potencialidades dos aprendentes, bem como processos de aprendizagem coletiva que tensionem e questionem a conformidade de um sistema nocivo ao bem-estar coletivo.

No CIB, o interesse voltou-se ao conhecimento colaborante (MORIN; LE MOIGNE, 2009), em que a significação do saber é preponderante e requer uma interpretação crítica da realidade, com amplo espaço para o diálogo e para a problematização, em que a autonomia e a liberdade de religar saberes possam ser vislumbradas.

Compreendeu-se que é preciso consolidar uma cultura de aprendizagem que reconhecesse uma efetiva colaboração, por meio da processualidade. Uma cultura que ativasse a vida do contexto de uma comunidade – em diferentes escalas – para proporcionar a participação, interação e produção de significados.

Perspectivas para uma educação transformadora **45**

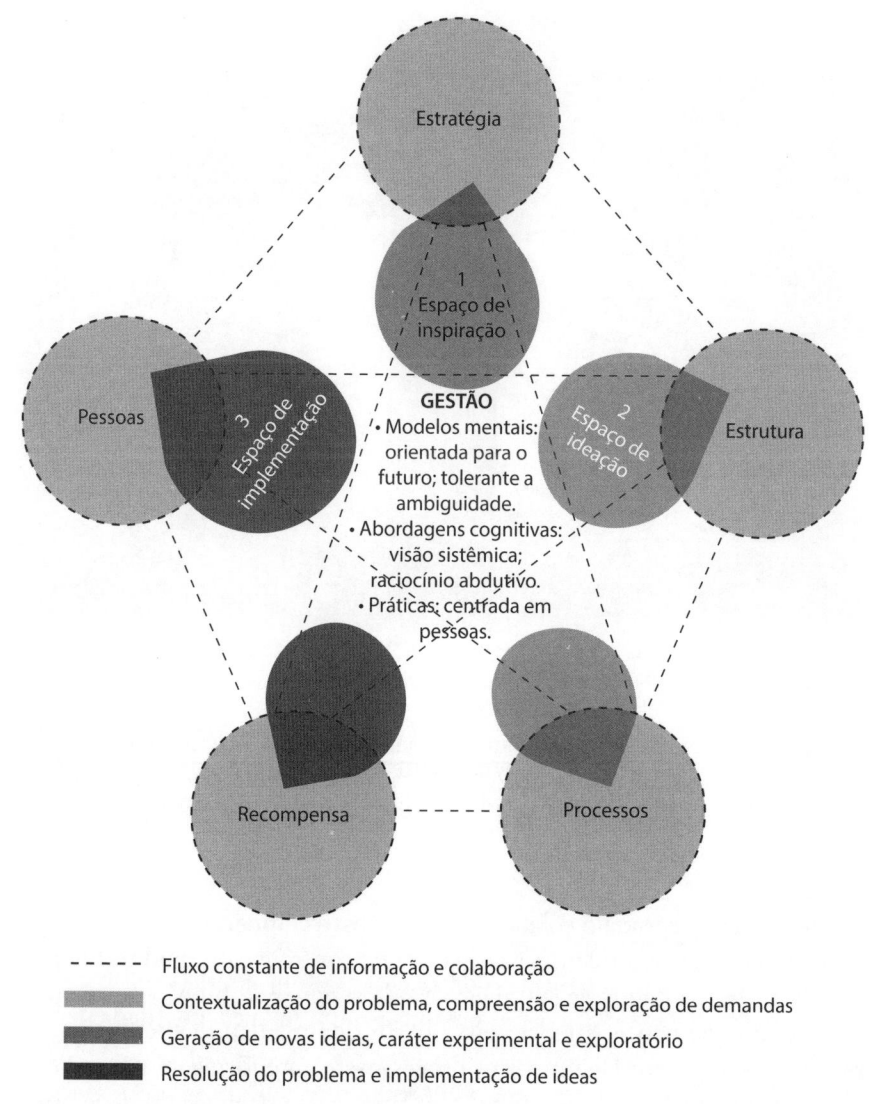

Diagrama com círculos: Estratégia, Estrutura, Processos, Recompensa, Pessoas, interligados por linhas tracejadas formando um pentágono. No centro: GESTÃO — Modelos mentais: orientada para o futuro; tolerante a ambiguidade. Abordagens cognitivas: visão sistêmica; raciocínio abdutivo. Práticas: centrada em pessoas. Espaços: 1 Espaço de inspiração; 2 Espaço de ideação; 3 Espaço de implementação.

- - - - - Fluxo constante de informação e colaboração
▬ Contextualização do problema, compreensão e exploração de demandas
▬ Geração de novas ideias, caráter experimental e exploratório
▬ Resolução do problema e implementação de ideias

Figura 3.4 Novo fluxo de processo proposto.
Fonte: Elaborada pela autora (2015).

Figura 3.5 Ecossistemas educacionais e instituições de ensino do futuro precisam ser projetados para promover processos de aprendizagem individual e coletiva.

Nesse contexto, desenvolveu-se uma matriz de orientação, considerando a linha do horizonte de 2030, para a documentação e consolidação da experiência de aprendizagem do CIB21 e projetação do CIB21 nos/em diferentes cenários, assumindo-se um caráter retrospectivo, prospectivo e especulativo.

De forma integrada e colaborativa, foi possível dinamizar a escola com processos que transcendem a perspectiva de controle e de rigidez. Foi possível falar de resultados que também se aplicassem à promoção de saberes e habilidades que não se estabelecem a partir de uma leitura simplificada da realidade. Foi possível legitimar os processos de aprendizagem por meio de um pensamento multidimensional, usufruindo da estratégia do *design* para romper com formas de pensamento que ainda endossam o determinismo funcional e monolítico do contexto escolar – e que tantas vezes impedem as necessárias mudanças[1].

---

[1] O saber – além do conhecimento científico – é compreendido como um espaço de transformação das relações e das evidências/das maneiras de ser: um espaço em que se somam os processos de subjetivação individuais e coletivos (LÉVY, 2011).

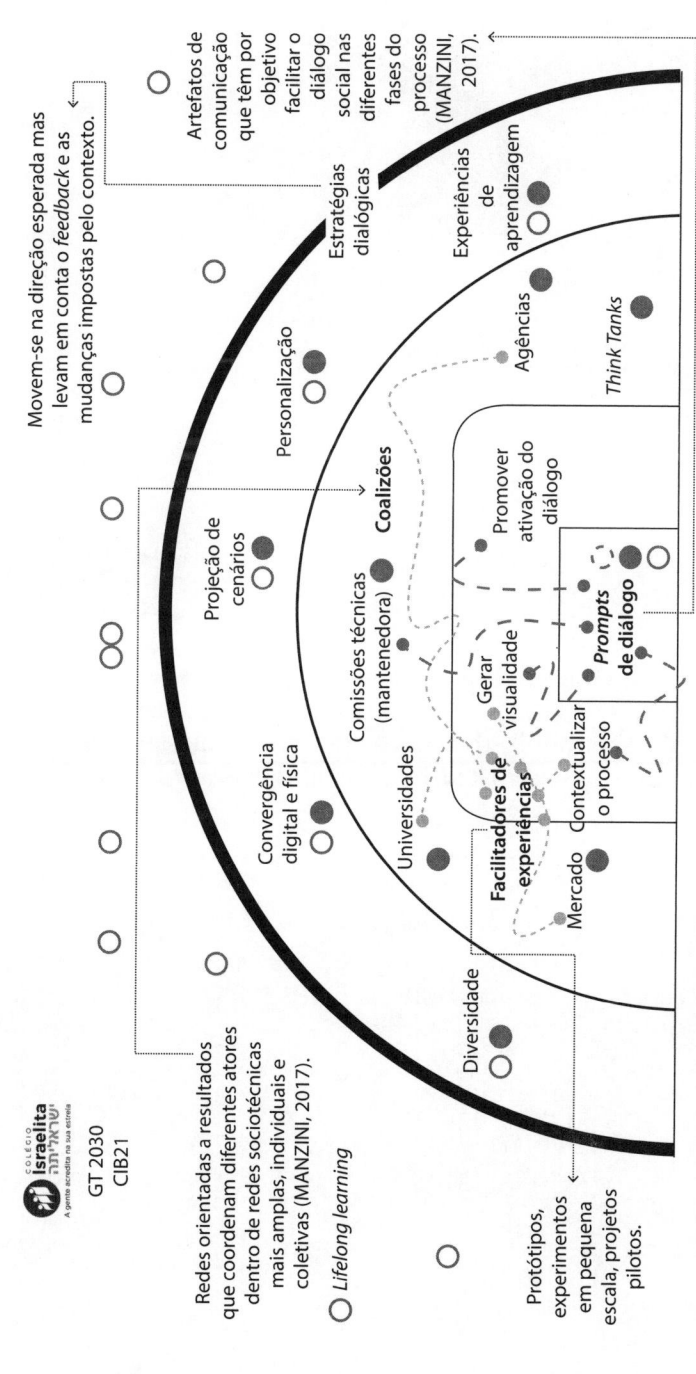

Perspectivas para uma educação transformadora **47**

Figura 3.6 Matriz de orientação CIB21.
Fonte: Elaborada pela autora (2021).

CAPÍTULO

4

Liderança no Israelita 3.0

Mônica Timm de Carvalho

A liderança em uma escola que busca a excelência aceita viver em tensão. Promove atos de gestão que valorizam a cultura da comunidade escolar, ao mesmo tempo em que propõe a essa mesma comunidade o rompimento com as zonas de conforto que implicam repetição sem crítica. Por certo, não são calmos os dias numa escola 3.0.

Tédio, por consequência, é um estado de espírito quase desconhecido de quem está inovando em educação. Diferentemente de outros segmentos, os quais têm o privilégio de gerar pesquisas em laboratórios controlados e cujos resultados poderão ou não impactar a vida em sociedade, a inovação em educação é realizada *na* própria realidade social. Trata-se de uma inovação sustentada por pesquisa em ação, e eventuais falhas em seus processos não poderão ser apagadas ou substituídas nas vidas de quem delas participou.

A consciência dos riscos inerentes à inovação em educação acaba por imobilizar muitos gestores de instituições de ensino. Não é incomum que prefiram optar pela repetição de práticas exitosas do passado, em uma tentativa de evitar danos à comunidade escolar. Ledo engano: escolas que se comportam como meras reprodutoras de antigas práticas deixam de constituir-se como instrumentos que habilitam sujeitos ao protagonismo na vida em sociedade. A repetição não impulsiona a inovação. E mais: escola não foi feita apenas para contar a história humana. Seu papel está principalmente em instrumentalizar pessoas a seguir construindo projetos civilizatórios – o que só se faz com uma boa dose de ousadia e ineditismo.

O gestor de uma escola 3.0 assume para si, portanto, a ideia de uma trajetória profissional pautada por tensões complexas. A boa notícia é que as desacomodações que visam primordialmente à aprendizagem e à inovação funcionam como ímã para bons professores e para pais comprometidos com a educação de seus filhos – e estar entre pessoas assim traz enorme satisfação pessoal. Ou seja, são inegáveis os benefícios que uma escola inovadora e de excelência traz a todos os que nela estão envolvidos, mesmo sendo repleta de tensões e riscos.

Figura 4.1 Dividindo experiências com os pares.

A comunidade judaica, mantenedora do CIB, sempre desejou excelência para a sua instituição de ensino e muitas vezes contribuiu trazendo claras referências sobre o que seria uma boa escola. As recorrentes comparações do CIB com outras escolas vinham do propósito de não se medirem esforços para que o colégio também fosse lugar de resultados inspiradores. Além de buscar referências de qualidade, o **povo do livro** também abriu as portas de uma de suas escolas durante seu próprio processo de mudança, recebendo profissionais de outras organizações para compartilhar com eles os achados de uma "pesquisa-ação".

> O projeto aguçou a curiosidade de diferentes universidades e com frequência recebíamos estudantes em formação para observarem nossas aulas ou nos entrevistarem.
>
> Daiane Moreira, professora do 1º ano do EF1

Esses movimentos de partilha, contudo, só foram possíveis quando internamente se estabeleceu uma concordância com os propósitos do novo Projeto Político-Pedagógico e certa consciência do impacto que trariam os esforços empreendidos. Assim, uma das maiores preocupações da liderança do Israelita 3.0 foi a busca de uma **visão compartilhada**: sem ela, os movimentos em direção a uma suposta inovação seriam erráticos.

O primeiro passo foi a obtenção de uma concordância coletiva quanto à avaliação dos resultados da escola naquele dado momento. Foi preciso que as pessoas (colaboradores, pais e estudantes) entendessem que valeria a pena mudar, mesmo o CIB sendo uma instituição reconhecida como uma das melhores escolas da cidade de Porto Alegre e do estado do Rio Grande do Sul. Para tanto, provocou-se a elevação das expectativas: "Por que não esperar que nossa escola seja avaliada como uma das melhores do país? Não somos capazes de alavancar uma sensível melhoria nos nossos resultados educacionais? Do que precisamos para atingir um novo patamar de excelência? Em que ponto queremos chegar?"

> Um certo mistério percorria a instituição. Algo muito grandioso estava por vir. Eu não lembrava de ter ouvido falar de algo assim, tão inovador. Um movimento enorme da escola para mexer numa estrutura que até então era exitosa. Por que mudar? [...] Mas gostei. Gostei do que ouvi. Percebi brilho nos olhos de quem conduzia. Senti firmeza – e frio na barriga ao mesmo tempo.
>
> Ângela Menezes, professora do 1º ano do EF1

Ato contínuo, deu-se a organização da disseminação da liderança, ou seja, a busca de várias pessoas inspiradoras e comprometidas com a nova estratégia da escola, as quais receberam espaços de autoria e protagonismo. Esse passo foi importante para dar concretude à compreensão de que projetos robustos de inovação em educação necessitam do trabalho de **lideranças em linha**. Assim, pessoas de diferentes níveis da organização (estratégico, tático e operacional), formadoras de opinião e com habilidades para provocar o engajamento de seus pares, foram mobilizadas para empreender a mudança.

A experiência mostrou que é possível mudar uma escola inteira contando apenas com o alinhamento de cerca de 20% da força de trabalho. Não é preciso – tampouco indicado! – que se aguarde a adesão de toda uma equipe para fazer a inovação acontecer. A mudança pode ter início quando apenas algumas pessoas muito competentes e reconhecidas por seus pares trabalham colaborativamente para disseminar uma nova cultura organizacional.

> Ao ser selecionada, um mundo novo se abriu para mim, com tantos desafios, mas com a confiança da instituição no meu trabalho. Esse ponto também foi instigante para mim.
>
> Ângela Menezes, professora do 1º ano do EF1

DOS RISCOS

São incontáveis os riscos num processo de mudança. Quando temos a inovação como um projeto educativo, destacam-se os seguintes:

- de professores e gestores educacionais não acreditarem na nova visão (resultados educacionais pretendidos) ou não disporem dos conhecimentos/habilidades para propor novos ambientes de aprendizagem;
- da infraestrutura não ser adequada para que se atinjam os resultados educacionais desejados;
- da cultura organizacional vigente impedir o processo de mudança, tendo em vista o receio de pessoas/grupos virem a perder posição de poder ou de destaque;
- dos pais temerem demasiadamente a falta de referências de sucesso no novo projeto (medo do "voo no escuro");
- de não ser adequada a comunicação dos objetivos, estratégias e formas de acompanhamento do novo projeto à comunidade escolar;
- da inexperiência de professores e gestores em avaliar o impacto da docência na aprendizagem dos estudantes.

No Israelita 3.0, boa parte desses riscos foi minimizada por meio de encontros regulares entre os participantes do novo projeto. Reuniões para sua apresentação e esclarecimento de dúvidas, para formação de professores e para a realização de momentos denominados de **rodada de indicadores** tornaram-se espaços voltados à reflexão, alinhamento de expectativas e apresentação de resultados parciais – aspectos que concorrem para a conquista do engajamento das pessoas.

Os resultados das práticas de gestão adotadas no Israelita 3.0 indicaram que os tempos para reflexão e comunicação não podem deixar de ser priorizados. É possível afirmar, inclusive, que boa parte do sucesso do Israelita 3.0 se deu pelo número e pelo aproveitamento dos encontros entre as diferentes pessoas nele envolvidas.

Figura 4.2 Rodada de indicadores.

FORMAÇÃO DE PROFESSORES: FATOR CRÍTICO DE SUCESSO

Um processo de inovação em educação que implique mudança disruptiva ou mesmo apenas incremental pressupõe o realinhamento de princípios, conceitos e práticas. Por mais que existam os respectivos conhecimentos na equipe, o fato é que tais habilidades e competências talvez não estejam disseminadas ao ponto de garantir coerência e visão sistêmica da equipe para que se atinja um propósito em comum. Mesmo equipes de alta performance, com integrantes de notório saber, precisarão de momentos para ajustar expectativas, modelar processos e pactuar metas. Sublinha-se: não seria ousado dizer que o sucesso de um novo projeto educativo está na proporção do tempo dedicado com afinco ao **trabalho em equipe**.

> Ao longo do processo, me deparei com a possibilidade real de ser *designer* de currículo. A quantidade de profissionais com que tive a oportunidade de realizar trocas, pensar junto e debater a ideia do projeto Israelita 3.0 impactou significativamente minha postura profissional, tamanha era a quantidade de reuniões e práticas que mostrávamos a outras pessoas, documentando o processo

que estava sendo feito. Tabelas de desenvolvimento individual e de grupo, fotos e documentações dos alunos que evidenciavam um processo de mudança no "fazer escola" [...]. Era preciso mostrar assertividade nas entregas e convicção do que vínhamos fazendo ao longo do processo, pois o projeto exigia segurança na entrega e rápido manejo de ajustes. Precisava dar certo!

Daiane Moreira, professora do 1º ano do EF1

Tivemos espaço para a autoria no processo e planejamento colaborativo entre os integrantes. Isso foi muito necessário, pois todo o currículo trazia muitos conceitos novos para a equipe naquele momento: *designer* de currículo, eixos de aprendizagem, educação em tempo integral, indicadores de aprendizagem...

Ângela Menezes, professora do 1º ano do EF1

Foram muitas as pautas desses encontros. Em relação à formação de professores, deu-se especial atenção ao novo **desenvolvimento da aula** (que acrescentou as etapas de *problematização* e *experiência* às já tradicionais etapas de *conceitualização* e *sistematização*). A análise dos atributos do Projeto Israelita 3.0 também foi fundamental para que todos os colaborado-

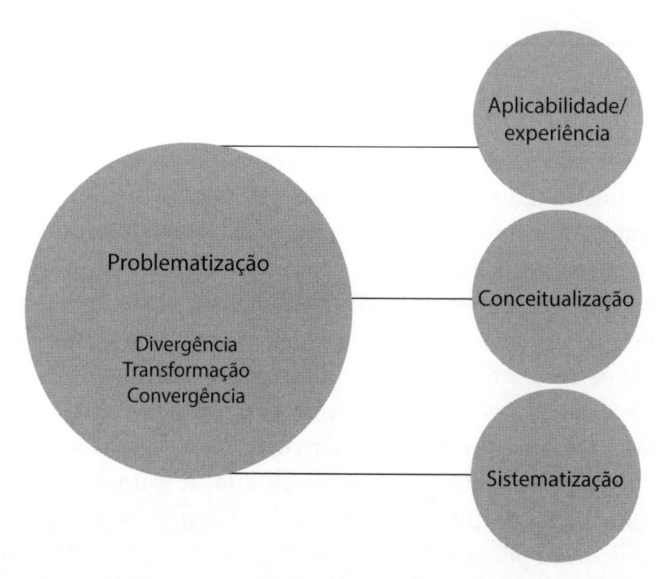

Figura 4.3 O novo desenvolvimento da aula acrescentou as etapas de problematização e experiência às já tradicionais etapas de conceitualização e sistematização.

res envolvidos no novo projeto tivessem boa compreensão de suas partes constitutivas.

Quando professores e gestores educacionais se encontravam para as formações, era sabido que todos estavam criando uma nova **arquitetura pedagógica**. A **atitude de pesquisa** era a esperada. Muitos textos foram compartilhados e analisados em conjunto, visando à estruturação da fundamentação teórica do projeto. As novas práticas docentes passaram a ser objeto de estudo recorrente, com vistas à identificação do seu impacto na aprendizagem das crianças. Nenhum achado ou dúvida foi desprezado. Tudo era objeto de estudo, de pesquisa. Quando algum profissional demonstrava maior interesse ou facilidade com determinado assunto, era delegado a ele o trabalho de organizar nova curadoria sobre o tema ou elaborar proposição de alguma estratégia de ensino embasada nos seus novos conhecimentos.

> A liderança sempre delegou funções para sua equipe, confiando nas pessoas, buscando as potencialidades individuais e oportunizando o desenvolvimento profissional dos professores. Fez-se um time de profissionais com diferentes perfis, mas todos envolvidos no processo. Um acordo, um pacto, um compromisso! Hoje, tenho a oportunidade de também ser uma gestora no CIB e busco dar prosseguimento ao que foi iniciado em 2015, com as primeiras turmas de 1º ano.
>
> Ângela Menezes, professora do 1º ano do EF1

Assim, no Israelita 3.0, a liderança foi constituída mais pelo conhecimento evidenciado pelas pessoas do que por sua posição na estrutura organizacional. Era fundamental que diferentes líderes fossem reconhecidos junto à equipe de professores, funcionários, coordenadores e direção da escola. Buscou-se abrir ainda mais espaço para a autoria, o que garantiu protagonismo a diferentes agentes, em distintos momentos do processo. Superar o engessamento de organogramas foi importante para que novas perspectivas de gestão educacional pudessem vir à tona.

Uma vez estabelecidos os espaços de **cocriação**, a ênfase passou a ser dada ao **desenvolvimento de competências** para levar a cabo a nova arquitetura pedagógica. A **gestão da sala de aula** foi o primeiro foco, já que a esperada autoridade do professor não poderia apagar o protagonismo dos estudantes na busca pelo conhecimento. Essa talvez tenha sido a competência docente mais difícil de ser conquistada. Exigiu estudos sobre metodologias ativas, personalização do ensino e avaliação do impacto da docência.

Fundamental também foi a repactuação das formas de planejar e avaliar, conquistadas por meio de uma liderança que buscou mobilizar processos investigativos, conhecimento compartilhado e rupturas com modelos mentais defasados.

> Ao longo da semana, além das reuniões com toda a equipe nas terças-feiras, tínhamos dois períodos semanais com a direção. Relatávamos a semana com as turmas, identificávamos os avanços e o que precisaria ser aprimorado nos próximos passos. Mesmo quando era uma necessidade ou dilema da outra turma, todos pensávamos juntos, ajudando a criar estratégias para a sua resolução dos problemas. A direção manejava as situações com tanto acolhimento, responsabilidade e seriedade, que nos sentíamos responsáveis pelo sucesso dos dois grupos, sem competições, pois ali todos estavam imbuídos do mesmo desejo, o sucesso do projeto.... Lembro que levávamos para as reuniões com a direção pontos que nos preocupavam e, na semana seguinte, já aplicávamos novas estratégias. Os manejos eram muito rápidos.
>
> Daiane Moreira, professora do 1º ano do EF1

Não menos importante foi o estabelecimento da liderança na escola como um todo, em um momento em que coexistiam 3 currículos diferentes: o EF de 8 anos, o EF de 9 anos e o Israelita 3.0. Manter as diferentes equipes comprometidas com diferentes projetos curriculares não foi tarefa simples – especialmente pelo fato de as atenções estarem à época mais voltadas à implantação de uma concepção pedagógica e de gestão educacional disruptiva, que implicaria mudanças futuras em toda a instituição.

Por fim, como uma escola não é uma ilha, fez-se necessário garantir o reconhecimento de seu processo de mudança junto às comunidades judaica e educativa em geral. O projeto Israelita 3.0 foi submetido à avaliação de reconhecidos educadores. Com essa chancela, o projeto passou a ser apresentado a grupos de pais, a movimentos judaicos e a investidores – sempre com o compromisso da escola de vir a compartilhar resultados parciais e finais com todos esses públicos.

Fruto de uma provocação saudável da mantenedora do CIB, o Israelita 3.0 foi um projeto pensado e desenvolvido por muita gente. Não houve receio em fazer-se uma liderança compartilhada, com vários protagonistas e garantia de espaço para o erro e para a correção de rumos. Muito do sucesso do projeto foi decorrência da confiança que as pessoas depositaram

Figura 4.4 Muito do sucesso do Projeto Israelita 3.0 foi decorrência da confiança que as pessoas depositaram umas nas outras.

umas nas outras. Os resultados de tudo isso, passados 7 anos desde o piloto de implantação, estão descritos na forma de evidências.

> Além de professora, fui mãe! Meu filho mais velho teve o privilégio de fazer parte da primeira turma, e eu observo em sua percepção de mundo o quanto ele consegue relacionar os conhecimentos adquiridos com os acontecimentos aleatórios de seu dia a dia.
>
> Luciane Zylbersztejn, professora de Cultura Judaica e mãe de aluno

CAPÍTULO 5

Educação baseada em evidências e com altas expectativas de aprendizagem

Rafael Faermann Korman

O time de professores estava praticamente montado. Os novos espaços de aprendizagem estavam projetados, fossem eles as próprias salas de aula ou as novas salas multiuso. No entanto, era sabido que, se não houvesse indicadores claros de melhoria na aprendizagem, o projeto inteiro seria questionado e de nada serviriam todos os importantes investimentos realizados nos demais itens.

Tão essencial quanto inovar é comprovar os resultados da mudança. Quando o assunto é educação, então, a pergunta central é: Os estudantes estão realmente aprendendo mais e melhor? Se não for possível responder com clareza a essa questão, então a iniciativa corre o risco de ser considerada ineficaz.

O CIB estabeleceu um novo **sistema de avaliação** para acompanhar as mudanças nas práticas pedagógicas. A palavra *sistema* é aqui utilizada não como sinônimo de *software*, mas como um conjunto de elementos necessários para a implementação de uma nova forma de pensar a avaliação na escola. Como em qualquer processo de inovação, esses elementos não foram perfeitamente planejados com antecedência, mas testados, aplicados e ajustados conforme a resposta de alunos e professores. E ainda permanecem em constante evolução.

A seguir, destacam-se algumas das principais inquietações que mobilizaram esforços para a definição de uma nova perspectiva de avaliação da aprendizagem.

COMO SAIR DA AVALIAÇÃO TRADICIONAL E IMPLEMENTAR UMA AVALIAÇÃO 3.0?

Uma das máximas da avaliação escolar tradicional é que ela está necessariamente atrelada aos modelos de avaliação externa realizados no Brasil. Em outras palavras, se o que mede a qualidade do ensino escolar são provas objetivas de vestibular, então é condição obrigatória reproduzir esses mesmos instrumentos ao longo de toda a escolaridade para que os alunos tenham êxito em suas carreiras e para que a escola seja qualificada como "de excelência". Ao mesmo tempo, é notório que esse formato de avaliação é limitado para verificar uma série de aprendizagens, principalmente as relacionadas às competências do século XXI, como empatia, resolução colaborativa de problemas complexos e pensamento crítico. Como então garantir que os alunos estejam preparados para prestar os exames externos e ainda possam desenvolver as competências do século XXI?

A chave para responder essa pergunta é justamente não enxergar dois polos excludentes, mas complementares. Ambos são importantes e precisam ser trabalhados de maneira adequada em cada momento da escolaridade. Se a avaliação é uma maneira de verificar a aprendizagem dos estudantes, então ela deve medir aquilo que é feito em sala de aula (entendendo sala de aula como qualquer ambiente onde há um professor que ensina seus alunos).

Apesar de o CIB figurar repetidas vezes entre as melhores escolas nos *rankings* de vestibulares regionais, a constatação foi de que, para estar entre as melhores escolas, é preciso, em primeiro lugar, definir **novos objetivos de aprendizagem** (o que ensinar). Para chegar em objetivos diferentes, em segundo lugar, também é necessário **mudar as práticas de sala de aula** (como ensinar), afinal, fazer do mesmo jeito nos levaria aos mesmos resultados. E, em terceiro lugar, para verificar se esses novos objetivos foram alcançados, é preciso uma **nova maneira de avaliar**.

Assim, um **modelo de avaliação 3.0** foi definido como aquele que:

- avalia não apenas conteúdos, mas competências;
- utiliza diversos recursos tecnológicos (analógicos e digitais), conforme a competência a ser avaliada;
- consegue mensurar os resultados dos estudantes por níveis de proficiência;
- promove a personalização dos instrumentos de avaliação, conforme as necessidades dos diferentes estudantes;
- fornece aos professores dados que podem ser utilizados como *feedback* para aprimorar seus próprios instrumentos.

Começar esse trabalho em toda a escola, ao mesmo tempo, seria inviável. Decidiu-se então começar no EF1, com o 1º ano, e depois ir progredindo à medida que a proposta fosse se consolidando. Nesse sentido, seria fundamental não apenas criar um novo modelo de avaliação, mas conseguir traduzir esse modelo de forma que todos os atores envolvidos tivessem clareza sobre como documentá-lo, apresentá-lo e comunicá-lo de forma efetiva.

COMO CRIAR UM SISTEMA DE AVALIAÇÃO COM DOCUMENTOS QUE TRADUZAM AS MUDANÇAS PEDAGÓGICAS DE SALA DE AULA, ADAPTANDO OS SISTEMAS DE INFORMAÇÃO EXISTENTES?

O projeto-piloto começou no 1º ano do EF1 com duas turmas de 20 alunos. Embora as mudanças já estivessem em curso no que se refere às práticas pedagógicas de sala de aula e estrutura curricular, o formato da avaliação ainda não estava definido. O Enterprise Resource Planning (ERP) da escola, que é o sistema central de informações e registros da organização, não estava preparado para funcionar com o registro dos diferentes níveis de proficiência dos alunos. O que fazer então? Adequar o resultado da aprendizagem ao antigo sistema e boletim escolar? Produzir um novo sistema, ou investir muito dinheiro na melhoria do *software* para garantir que o novo modelo fosse bem-representado? E se depois de todo o investimento o sistema não correspondesse à realidade da sala de aula?

Em 2015, no primeiro ano de implantação, a solução inicial foi a criação de um Mínimo Produto Viável (MVP), um conceito que no empreendedorismo quer dizer "se tivermos ao menos isso, podemos começar". A preocupação não estava apenas em montar um sistema adequado para professores, mas que também comunicasse o resultado do trabalho aos pais. Muitas promessas foram feitas às famílias, como personalização do ensino, avaliação da aprendizagem por habilidades e ensino interdisciplinar. Era preciso mostrar a elas que isso estava realmente aparecendo no trabalho.

O primeiro sistema de avaliação do 3.0 consistiu em avaliar os alunos em **8 eixos transversais de aprendizagem**: Leitura e Escrita, Operações

Matemáticas, Resolução de Problemas, Estética, Corpo e Movimento, Tecnologias da Informação, Competências Socioemocionais e Estratégias de Aprendizagem. Cada um dos eixos podia ser classificado em **três níveis de proficiência**: Alto, Médio ou Baixo. No 1º ano, o eixo de Leitura e Escrita ainda tinha uma classificação segundo **4 níveis de alfabetização** do aluno: Pré-Silábico, Silábico, Silábico-Alfabético e Alfabético. A Figura 5.1 apresenta a planilha da turma preenchida pelo professor ao final do mês de março de 2015, ocultando-se os nomes por questão de sigilo.

Além da visualização em formato de tabela, os professores também tinham a possibilidade de analisar os seus dados de forma gráfica, como mostra a Figura 5.2. Esses dados eram consumidos pelos professores de forma individual e compartilhados com a equipe em reuniões semanais.

Para cumprir a promessa de compartilhar com as famílias o desempenho dos estudantes, os professores também tinham acesso ao desempenho progressivo mensal de forma individual. Em reuniões agendadas com as famílias, os professores abriam a planilha e mostravam o progresso do aluno em cada eixo de aprendizagem em comparação com a média da turma. Para expressar os gráficos por meio de números, atribuiu-se o valor 3 para o nível Alto, 2 para o Médio e 1 para o Baixo. Na Figura 5.3, podemos observar a evolução do aluno ao longo de todo o ano de 2015 em todos os eixos.

As planilhas trouxeram segurança tanto para os educadores (gestores e professores), quanto para as famílias, que podiam ver a evolução dos filhos de forma concreta. Se os termos da educação 3.0, como os novos eixos de aprendizagem e algumas práticas pedagógicas de sala de aula, não estavam ainda claros para muitos pais, os dados apresentados eram uma maneira de tangibilizar a aprendizagem de maneira específica.

A criação da planilha do professor-tutor incentivou a criação de outras ferramentas, como a planilha de Nivelamento da Aprendizagem de Língua Hebraica. Na Figura 5.4 é possível identificar o painel central do professor com as 4 habilidades centrais da língua (Hakshavá – Escuta; Kriá – Leitura; Dibur – Fala; e Ktivá – Escrita), associada a descritores.

A Figura 5.5 mostra o desempenho geral da turma 11, em setembro de 2016, em cada uma das habilidades, com gráficos de desempenho que permitem uma análise objetiva dos professores.

PLANILHA DE ACOMPANHAMENTO INDIVIDUAL — MARÇO — TURMA 11

#	Aluno	Leitura e escrita	Níveis	Operações matemáticas	Resolução de problemas	Estética	Corpo e movimento	Tecnologias da informação	Competências socioemocionais
1	-------	Alto	Silábico-alfabético	Alto	Médio	Médio	Alto	Alto	Médio
2	-------	Baixo	Pré-silábico	Baixo	Médio	Alto	Médio	Médio	Médio
3	-------	Baixo	Pré-silábico	Médio	Alto	Alto	Médio	Alto	Médio
4	-------	Alto	Silábico-alfabético	Médio	Baixo	Médio	Alto	Alto	Baixo
5	-------	Baixo	Pré-silábico	Baixo	Baixo	Alto	Alto	Alto	Baixo
6	-------	Alto	Alfabético	Alto	Alto	Alto	Médio	Alto	Alto
7	-------	Baixo	Pré-silábico	Médio	Baixo	Baixo	Alto	Alto	Baixo
8	-------	Baixo	Pré-silábico	Médio	Alto	Alto	Alto	Alto	Alto
9	-------	Baixo	Pré-silábico	Médio	Alto	Alto	Médio	Alto	Médio
10	-------	Alto	Silábico-alfabético	Médio	Médio	Médio	Médio	Alto	Médio
11	-------	Baixo	Pré-silábico	Médio	Médio	Alto	Alto	Médio	Médio
12	-------	Alto	Alfabético	Alto	Médio	Alto	Médio	Alto	Baixo
13	-------	Alto	Alfabético	Alto	Baixo	Alto	Alto	Alto	Alto
14	-------	Alto	Alfabético	Alto	Alto	Alto	Alto	Alto	Baixo
15	-------	Médio	Pré-silábico	Médio	Baixo	Médio	Alto	Alto	Alto
16	-------	Alto	Silábico-alfabético	Médio	Baixo	Baixo	Médio	Médio	Médio
17	-------	Alto	Silábico-alfabético	Alto	Médio	Médio	Alto	Alto	Médio
18	-------	Baixo	Pré-silábico	Baixo	Baixo	Médio	Médio	Médio	Baixo
19	-------	Médio	Silábico-alfabético	Médio	Alto	Alto	Médio	Alto	Alto
20	-------	Baixo	Pré-silábico	Baixo	Médio	Médio	Médio	Médio	Médio

Figura 5.1 Planilha de acompanhamento mensal da turma 11, em março de 2015.

AVALIAÇÃO MENSAL — MARÇO — TURMA 11

Classificação dos alunos por eixo de competência

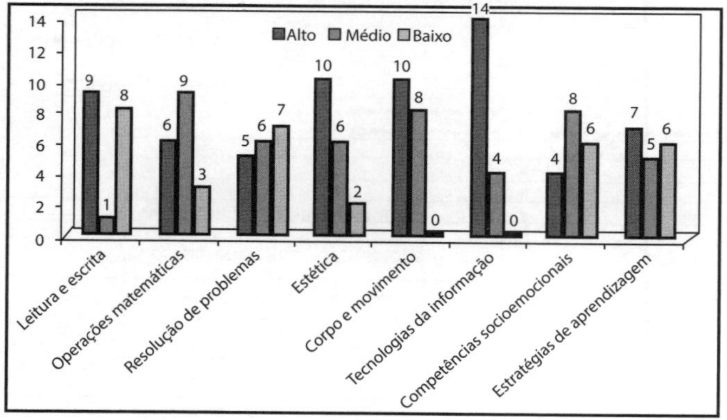

Eixo	Alto	Médio	Baixo	Alto	Médio	Baixo	Total
Leitura e escrita	9	1	8	50,0%	5,6%	44,4%	18
Operações matemáticas	6	9	3	33,3%	50,0%	16,7%	18
Resolução de problemas	5	6	7	27,8%	33,3%	38,9%	18
Estética	10	6	2	55,6%	33,3%	11,1%	18
Corpo e movimento	10	8	0	55,6	44,4%	0,0%	18
Tecnologias da informação	14	4	0	77,8%	22,2%	0,0%	18
Competências socioemocionais	4	8	6	22,2%	44,4%	33,3%	18
Estratégias de aprendizagem	7	5	6	38,9%	27,8%	33,3%	18

Níveis de leitura	Qte	%
Pré-silábico	10	0,5
Silábico	0	0
Silábico-alfabético	6	0,3
Alfabético	4	0,2

Níveis de leitura
- Pré-silábico 50%
- Silábico-alfabético 30%
- Alfabético 20%

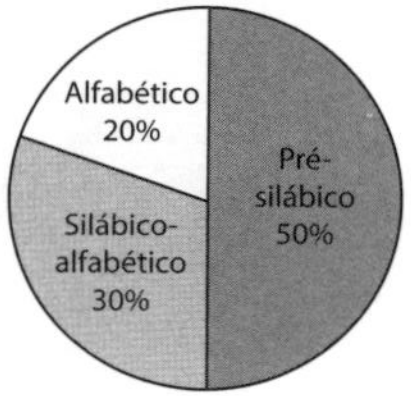

Figura 5.2 Gráficos do desempenho mensal da turma 11, em março de 2015.

#	AVALIAÇÃO GERAL INDIVIDUAL										TURMA 11
								3 Alto 2 Médio 1 Baixo			
		Mar	Abr	Mai	Jun	Jul	Ago	Set	Out	Nov	Dez	Média de turma
	Leitura e escrita	3	3	3	3	3	3	3	3	3		2,4
	Leitura e escrita – Níveis	2,3	2,3	3	3	3	3	3	3	3		2,5
	Operações matemáticas	2	3	3	3	3	3	3	3	3		2,4
	Resolução de problemas	1	1	2	3	3	2	2	3	3		2,4
	Estética	2	2	2	3	3	3	3	3	3		2,8
	Corpo e movimento	3	3	3	3	3	3	3	3	3		2,9
	Tecnologias da informação	3	3	3	3	3	3	3	3	3		2,9
	Competências socioemocionais	1	1	1	1	1	2	2	2	2		2,4
	Estratégias de aprendizagem	2	2	3	3	3	3	3	3	3		2,5

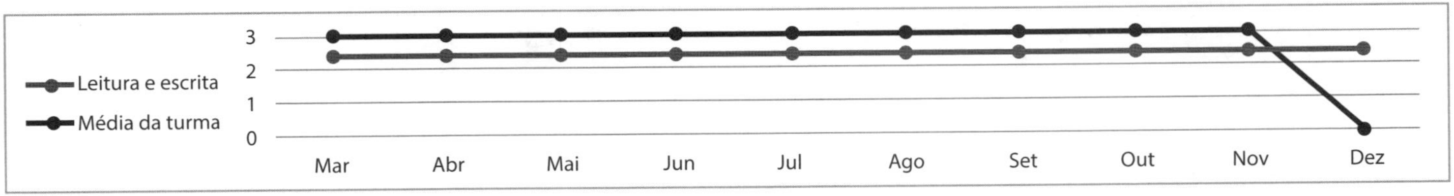

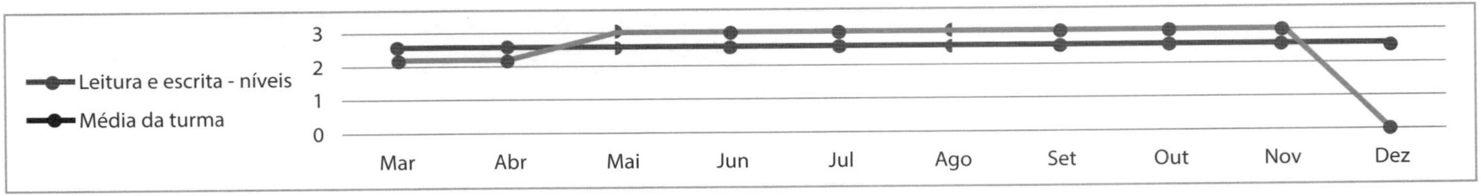

— Leitura e escrita
— Média da turma

— Leitura e escrita - níveis
— Média da turma

Figura 5.3 Planilha de evolução individual do aluno.

Kitá Alef 11   Setembro   2016

Talmid Chadash — Coluna que mostra se o aluno é novo ou não na escola. Esse indicador permite que se possa comparar o desempenho de alunos novos e antigos (que já estão inseridos na metodologia de ensino)

Hakshavá -

Ha1	Fazer relação fonema/grafema
Ha2	Compreender palavras
Ha3	Compreender frases
Ha4	Compreender texto

Kriá -

Kr1	Fazer relação fonema/grafema
Kr2	Compreender palavras
Kr3	Compreender frases
Kr4	Compreender texto

Dibur -

Di1	Formular palavras
Di2	Formular frases
Di3	Dialogar

Ktivá -

Kt1	Reproduzir fonema/grafema
Kt2	Escrever palavras
Kt3	Escrever frases
Kt4	Escrever texto

Figura 5.4 Painel central da planilha de nivelamento da aprendizagem de língua hebraica.

חנ' ברק יחד' Avaliação dos níveis Setembro 2016
Kitá Alef 11

Categoria	Hakshavá	Dibur	Kriá	Ktivá
Média	8,7	3,0	5,9	5,6
Arr.	9,0	3,0	6,0	6,0
Equivalência	Ha3 Lo tov	Di1 tov meod	Kr2 tov	Kt2 tov
Desv. Pad.	2,6	1,0	4,0	2,9
Med - DP	6,0	2,0	1,9	2,7
Med + DP	11,3	4,0	9,9	8,4

Nome do aluno	Hakshavá	Dibur	Kriá	Ktivá
Aluno	#N/D	#N/D	#N/D	#N/D
Med - DP	6,0	2,0	1,9	2,7
Média	8,7	3,0	5,9	5,9
Med + DP	11,3	4,0	9,9	8,4

	Hakshavá		Dibur		Kriá
1	HA1 Lo tov	0	Di1 Lo Tov	0	Kr1 Lo tov
2	HA1 tov	0	Di1 Tov	4	Kr1 tov
3	HA1 Lo meod	0	Di1 tov meod	7	Kr1 tov meod
4	HA1 Metzuian	0	Di1 Metzuian	8	Kr1 Metzuian
5	HA2 Lo tov	3	HA2 Lo tov	0	Kr2 Lo tov
6	HA2 tov	3	HA2 tov	0	Kr2 tov
7	HA2 tov meod	4	Di2 tov meod	0	Kr2 tov meod
8	HA2 Metzuian	0	Di2 Metzuian	0	Kr2 Metzuian
9	HA3 Lo tov	0	HA3 Lo tov	0	Kr3 Lo tov
10	HA3 tov	3	Di3 tov	0	Kr3 tov
11	HA3 tov meod	5	Di3 tov meod	0	Kr3 tov meod
12	HA3 Metzuian	3	Di3 Metzuian	0	Kr3 Metzuian
13	HA4 Lo tov	0			Kr4 Lo tov
14	HA4 tov	0		---	Kr4 tov
15	HA4 tov meod	0		---	Kr4 tov meod
16	HA4 Metzuian	0		---	Kr4 Metzuian

[Gráfico de barras: Hakshavá #N/D 6,0 8,7 11,3 | Dibur #N/D 2,0 3,0 4,0 | Kriá #N/D 1,9 5,9 9,9 | Ktivá #N/D 2,7 5,6 8,4 — Aluno, Med - DP, Média, Med + DP]

Figura 5.5 Painel de avaliação dos alunos da planilha de nivelamento da aprendizagem de língua hebraica.

É preciso dizer que *não foi* fácil o uso dessas planilhas por parte dos professores. Não é apenas um processo de capacitação técnica de uma ferramenta, mas a mudança de *mindset* quanto à necessidade de registrar as informações e usá-las da melhor maneira em favor da aprendizagem dos alunos. Basicamente, tínhamos quatro grupos de professores, resumidos no Quadro 5.1.

QUADRO 5.1 Classificação dos professores quanto à resistência ao uso das planilhas de avaliação 3.0

Dominam e usam a ferramenta	Dominam a ferramenta, mas resistem em usar
Já tinham alguma ou total familiaridade com o Excel e se mostraram solícitos no preenchimento dos dados, demonstrando autonomia para fazer análises e marcar reuniões com as famílias.	Apesar de não terem problemas em usar a ferramenta, apresentaram resistência no uso por preferirem seguir com métodos próprios de trabalho.
Não dominam a ferramenta, mas querem usar	**Não dominam a ferramenta e resistem em usar**
Têm dificuldades técnicas com o uso de Excel, mas se mostraram dispostos a aprender, procurando ajuda sempre que necessário.	Além da dificuldade técnica, mostraram-se resistentes ao uso das planilhas, seja para esconder essa deficiência, seja para fazer com que a nova rotina não fosse implementada e "tudo voltasse a ser como era antes".

A resistência à mudança sempre vai ocorrer no processo de inovação em educação, em qualquer lugar. A questão é como trabalhar com o grupo e incorporar à inovação como cultura organizacional. Nesse sentido, é possível identificar alguns elementos-chave que facilitaram o processo:

- **Liderança da alta direção:** a diretora era não apenas a mentora do processo, mas assumiu a gestão do primeiro grupo de professores, reunindo-se semanalmente com eles. A tomada de decisão era muito rápida, e o projeto tinha a visibilidade e o respaldo institucional necessários.
- **Professores-tutores e *designers* de currículo:** os professores escolhidos para serem os primeiros condutores das turmas vieram de fora da escola. Escolhidos a dedo pela gestão, estavam isentos dos vícios

da cultura vigente e protegidos pela bolha da formação continuada oferecida até então. De certa forma, funcionavam como os principais braços de liderança depois da direção.

- **Gerência de processos e projetos:** o sistema de avaliação foi elaborado por uma pessoa com conhecimentos em planilhas, que trabalhava diretamente com a direção e que tinha os papéis de elaborar tecnicamente a ferramenta e de pensar qual seria o melhor uso pedagógico, além de prestar auxílio aos professores sempre que fosse necessário.

De 2015 a 2017, as planilhas foram usadas e melhoradas conforme a evolução do projeto e a incorporação de novas séries no processo. Em 2018, com o início do projeto no 6º ano do EF2, o desafio foi elaborar um sistema de avaliação condizente com essa etapa escolar. Como sair do modelo de notas de 0 a 10, existente por muitos anos na escola, e passar a avaliar os alunos por habilidades, sem perder a objetividade no processo avaliativo e ainda mantendo uma comunicação clara com as famílias?

Para chegar ao primeiro formato de avaliação do EF2 foram necessárias muitas reuniões ao longo de pelo menos 2 anos, do grupo de Pesquisa & Desenvolvimento (P&D), formado pela direção, por representantes da coordenação pedagógica e pelo gestor de processos.

Um marco importante foi o *benchmarking* em modelos nacionais e internacionais de avaliação, como mostra a Figura 5.6. O SAEB, o PISA e o GPA possuíam de 4 a 5 níveis de proficiência, com correspondência numérica direta para a realização do *scoring* (atribuição de valor quantitativo para termos de comparação). Fazia sentido, portanto, utilizar essa mesma lógica no CIB.

Em termos de alinhamento institucional, com a maturidade do processo no EF1, desenhou-se um modelo de planilhas para migrar do Excel para o ERP da escola. Já era seguro incorporar as mudanças realizadas ao longo de três anos ao principal sistema de informação escolar. O modelo da planilha de transição do EF1 por ser visto na Figura 5.7. Além de levar a digitação para o ERP, o alinhamento também se deu no sentido pedagógico, com a transformação dos níveis Alto, Médio e Baixo em Habilidades associadas aos eixos transversais de aprendizagem e 4 níveis de proficiência.

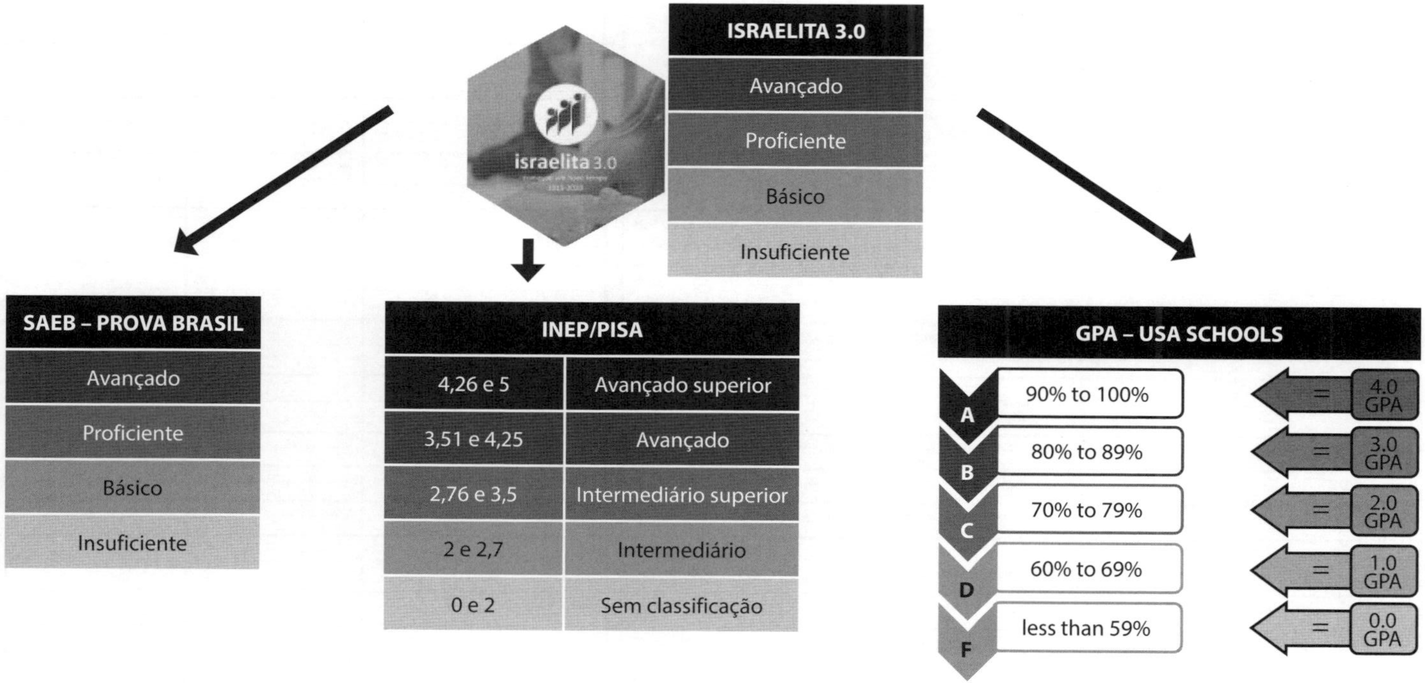

Figura 5.6 Esquema de *benchmarking* dos principais sistemas de avaliação nacionais e internacionais.

Aluno	Eixo curricular	Componente curricular	Habilidade	Nível de proficiência
	Leitura e escrita	Língua Portuguesa	Participar de situações de intercâmbio oral, formulando perguntas ou estabelecendo conexões com os conhecimentos prévios ou vivências.	
			Narrar oralmente histórias ou acontecimentos, encadeando fatos em sequência lógica.	
			Evidenciar compreensão de textos narrativos apresentados oralmente, identificando os elementos principais.	
			Evidenciar compreensão de textos narrativo.	
			Estabelecer a relação entre grafema e fonema.	
			Ler, reconhecendo globalmente, as palavras do vocabulário estudado em aula.	
			Produzir textos de acordo com a hipótese de escrita.	
			Evidenciar a evolução no processo de aquisição de escrita.	
		Língua Inglesa - Elem	Cumprimentar e responder adequadamente à saudações.	
			Compreender e utilizar vocabulário e instruções básicas do cotidiano escolar.	
			Reconhecer e nomear itens de material escolar e cores primárias e secundárias, de acordo com o vocabulário estudado.	
			Compreender e utilizar expressões de polidez trabalhadas a partir da leitura do livro A folha mágica.	
			Produzir oralmente frases relacionadas aos conteúdos desenvolvidos em sala de aula.	
		Língua Inglesa - Adv	Compreender e utilizar o vocabulário estudado em relação à identidade, materiais escolares, brinquedos, animais e alimentos.	
			Compreender e aplicar o vocabulário e instruções básicas do cotidiano escolar em situações de interações comunicativas.	
			Produzir oralmente frases sobre situações comunicativas definidas (rotinas, experiências, noções de posicionamento).	
			Expressar oralmente desejos, ideias e pensamentos utilizando o vocabulário desenvolvido.	
		Dança Israeli	Dança Israeli.	
		Música	Representar os sons por meio do corpo, por meio do uso de objetos ou de sinais gráficos espontâneos.	

Figura 5.7 Planilha de transição do EF1 de 3 níveis para 4 níveis de proficiência.

Para o 6º ano do EF2, o desafio era a criação de uma planilha, por professor, de cada uma das matérias do currículo (português, matemática, história, geografia, ciências etc.), uma vez que não havia mais a figura do professor-tutor que centraliza o trabalho de cada estudante. Assim, foi criado um primeiro modelo de planilha para as duas turmas de 6º ano, em 2018, como mostra a Figura 5.8.

O ponto mais polêmico desse sistema foi, sem dúvida, a combinação entre a avaliação de habilidades e um escore final associado ao desempenho global do aluno na disciplina. Na última coluna da direita, na Figura 5.8, é possível identificar a coluna do escore global. Esse número é resultado da combinação dos níveis de proficiência atingidos pelo aluno nas habilidades, de modo que os níveis Avançado, Proficiente, Básico e Insuficiente possuem respectivamente, os valores 4, 3, 2 e 1, inspirados nos modelos de avaliação vistos na Figura 5.6. Dessa forma, cada aluno saberia o seu nível de desempenho em cada habilidade, associada a uma proficiência, e teria noção de como foi o seu resultado de forma geral, em termos numéricos, em cada disciplina.

Após a implantação do 6º ano em 2018 e iniciado o processo com 7º e 8º anos em 2019, o desafio foi planejar o projeto que seria implementado, a partir de 2020, no 9º ano do EF2 e 1ª série do Ensino Médio (EM). Em 2021, mesmo em meio à pandemia, foi a vez da entrada da 2ª série do EM no novo sistema. Por fim, em 2022, a 3ª série do EM completa a implantação do modelo em toda a escola.

Concluindo: entendemos que o modelo de avaliação tradicional, baseado em notas de 0 a 10, não permitia analisar a aprendizagem do aluno de maneira eficaz. Isso se deve a que o modelo não distingue quais as habilidades estão de fato atreladas a pontuação numérica. Esta apenas corresponde a um número de acertos nas avaliações, sem fazer referência direta ao objetivo de aprendizagem. Em contrapartida, a Figura 5.9 mostra o modelo atual de boletim do estudante, adotado desde 2018. Além do escore global, que é a referência final da avaliação, é possível identificar para cada disciplina quais foram as habilidades desenvolvidas e em qual nível.

Nesta seção, vimos a evolução das mudanças de modelos de avaliação, desde 2015, com o 1º ano do EF1, até 2022, chegando à 3ª série do EM. Não se trata apenas de criar planilhas ou formatos de documentos, mas de uma nova forma de *pensar* a avaliação. Os registros devem somente refletir aquilo que é planejado pelos educadores, de modo que seja possível, ao final, responder à pergunta "Nossos alunos estão aprendendo mais e melhor?".

AVALIAÇÃO 6º ANO - 3.0

TURMA 61 - Ciências

A	Avançado
P	Proficiente
B	Básico
I	Insuficiente

Desenvolvimento além do esperado	
Desenvolvimento com excelência	
Desenvolvimento mínimo da habilidade	
Não desenvolvimento da habilidade	

AVALIAÇÕES

A1	P. Textual - Ciências
A2	Reg. Inv - C. Básicos
A3	V/F - Dimensões
A4	Laboratório
A5	Questões - Prática
A6	RP - Separação
A7	Trimestral
A8	
A9	

#	Aluno	Turma	Habilidade	Descrição	A1	A2	A3	A4	A5	A6	A7	A8	A9	Total	Classificação sugerida	Reavaliação	ESCORE GLOBAL
1	Aluno	61	H1	Identificar os mecanismos próprios da produção científica como fundamentais para a produção do conhecimento relacionado às ciências naturais.	B	---	B	---	---	---	P	---	---	2,333333333	Proficiente	------	0,0%
1	---	61	H2	Compreender a importância da produção de modelos para explicar estruturas e processos científicos, relacionando-os às dimensões específicas de cada um.	---	B	P	---	---	---	B	---	---	2,333333333	Básico	------	
1	---	61	H3	Diferenciar fenômenos físicos e químicos conforme sua natureza e características dos seus elementos, identificando evidências dos processos de transformações químicas e/ou físicas.	---	---	---	---	---	---	P	---	---	3	Proficiente	------	
1	---	61	H4	Classificar sistemas físicos, químicos e biológicos com base em suas estruturas, funções e/ou funcionamento.	---	---	---	---	B	---	P	---	---	2,666666667	Proficiente	------	
1	---	61	H5	Selecionar metodologias adequadas para resolução de problemas simples relacionados a misturas químicas, relacionando à produção de materiais cotidianos.	---	---	---	---	B	B	B	---	---	2	Básico	------	
2	---	61	HI	Identificar os mecanismos próprios da produção científica como fundamentais para a produção do conhecimento relacionado às ciências naturais.	I	---	---	---	---	---	P	---	---	2,333333333	Proficiente	------	0,0%

Figura 5.8 Primeiro modelo de planilha do projeto-piloto do 6º ano do EF2.

COLÉGIO Israelita

A gente acredita na sua estrela

Aluno(a): -
Curso: Ensino Fundamental - 9º Ano - 92
Turno: Manhã **Ano Letivo:** 2021 **Aulas dadas:** 645 **Faltas:** 61

RELATÓRIO DE AVALIAÇÃO - 2º SEMESTRE

LÍNGUA PORTUGUESA	Faltas: 13	SCORE GLOBAL
HABILIDADES		PROFICIÊNCIA
Ler e compreender palestras em formato TED, reconhecendo recursos estatísticos e composicionais típicos do gênero (exposição de teses e de argumentos, uso de períodos compostos, mobilização de recursos de apoio à fala).		Proficiente
Planejar e performar palestras em formato TED, utilizando recursos estilísticos e composicionais típicos do gênero (exposição de teses e de argumentos, uso de períodos compostos).		Proficiente
Ler e compreender vídeos-minuto, utilizando, reconhecendo recursos estilísticos e composicionais típicos do gênero (roteiro, decupagem, montagem e trilha sonora).		Proficiente
Planejar e produzir vídeos-minuto, utilizando recusos estilísticos e composicionais típicos do gênero (roteiro, decupagem, montagem e trilha sonora).		Proficiente
Compreender e comparar as diferentes posições e interesses em jogo em uma discussão ou apresentação de propostas, identificando os argumentos e as possíveis consequências do que está sendo proposto.		Proficiente
Ler e compreender artigos de opinião, reconhecendo recursos estilísticos típicos do gênero (uso de períodos compostos por coordenação e subordinação enquanto recursos de coesão textual).		Proficiente
Identificar, distinguir e avaliar a relação que conjunções coordenativas e subordinativas estabelecem entre as orações que conectam.		Proficiente
Respeitar turnos de fala em debates regrados, posicionando-se de forma organizada, crítica, e fundamentada, ética e respeitosa frente aos argumentos apresentados pelos colegas.		Proficiente
Realizar as atividades propostas pelo professor em aula e entregar trabalhos nos formatos solicitados, dentro dos prazos previamente estabelecidos.		Básico

(Habilidades do componente curricular de Língua Portuguesa do 9º ano)

(Proficiências obtidas pelo estudante no componente curricular de Língua Portuguesa do 9º anos)

Figura 5.9 Modelo atual do boletim do estudante por habilidade e níveis de proficiência.

Não há como dissociar um processo do outro. Precisamos de uma nova forma de pensar, mas também queremos que este novo jeito de fazer seja comunicado de forma clara. A chave para que isso aconteça parece estar associada à condução gradual de um grupo de pessoas que acredita e se engaja nessa transformação.

COMO FORMAR PROFESSORES PARA UMA NOVA LÓGICA DE AVALIAÇÃO, CONSIDERANDO A RESISTÊNCIA À MUDANÇA E ADAPTABILIDADE À LÓGICA 3.0?

A formação de professores é um dos temas mais discutidos hoje no Brasil no campo da educação. Fala-se tanto no déficit da formação inicial – isto é, das carências trazidas pelos professores quando saem da academia – quanto da formação continuada, ou seja, do desenvolvimento das competências docentes ao longo da carreira.

De 2015 a 2022, diversas ações foram realizadas para responder a essa pergunta. Entre as mais significativas, podemos destacar:

- realizar reuniões periódicas com o grupo de professores para manter o assunto sempre atualizado;
- trazer referências de modelos usados em outras escolas, de dentro e de fora do Brasil;
- promover tempo e espaço para grupos de trabalho por série e por área do conhecimento, para trocas sobre melhores práticas e estreitamento de vínculo entre os professores;
- promover *feedback* periódico, semestral, com alunos, pais e professores sobre sua percepção da evolução do processo.

É importante destacar que nenhuma dessas ações, de forma isolada, prevalece em relação a outra. O conjunto de ações é que dá substância ao projeto. Nem todas elas foram pensadas desde o início, e certamente ainda há muitos ajustes a serem feitos. Talvez o diferencial seja efetivamente o pensar desta forma, ou seja, não se contentar com o que foi feito e buscar sempre o aperfeiçoamento.

Epílogo

Aprender é mudar, e uma escola que prioriza a aprendizagem de seus estudantes não esquece de mudar para também aprender.

O exemplo de pessoas e instituições que se desafiam e aprendem é o que mais mobiliza crianças e jovens à busca pelo conhecimento. Assim, somente uma escola que projete o novo com esmero, que lide com o erro com maturidade e que analise permanentemente seus processos e resultados conseguirá ocupar, no século XXI, o lugar que lhe cabe: o de ser uma instituição propositora de novos significados e iniciativas – não se contentando em apenas narrar a história dos feitos humanos, como tem sido o papel recorrente da maior parte das escolas.

Estas páginas tiveram o propósito de provocar você, leitor, a embarcar na viagem da inovação e da aprendizagem organizacional. O Colégio Israelita Brasileiro, às portas do seu centenário, trouxe o testemunho de que vale a pena romper com a mera repetição das práticas exitosas do passado. Essa escola e seus profissionais acreditam que é no movimento da aprendizagem permanente que se conquistam resultados educacionais que orgulham a todos.

Os Organizadores

Referências

ALVES, I. M. R.; BORBA, G. S. *Um olhar sobre a experiência da sala de aula*: na perspectiva do design estratégico. São Leopoldo: Unisinos, 2016.

BESSANT, J.; TIDD, J. *Inovação e empreendedorismo*. Porto Alegre: Bookman, 2009.

CANNON DESIGN; VS FURNITURE; BRUCE MAU DESIGN. *The third teacher*: a collaborative project. New York: Abrams Books, 2010.

CAPRA, F. *A teia da vida*: uma nova compreensão científica dos sistemas vivos. São Paulo: Cultrix, 2006.

DONDI, M. *et al*. Defining the skills citizens will need in the future world of work *McKinsey & Company*, 2021. Disponível em: https://www.mckinsey.com/industries/public-and-social-sector/our-insights/defining-the-skills-citizens-will-need-in-the-future-world-of-work. Acesso em: 29 ago. 2022.

FADEL, C.; BIALIK, M.; TRILLING, B. *Educação em quatro dimensões*: as competências que os estudantes devem ter para atingir o sucesso. Boston: Center for Curriculum Redesign; São Paulo: Instituto Península; Instituto Ayrton Senna, 2015. Disponível em: https://institutopeninsula.org.br/wp-content/uploads/2019/06/educacao-em-quatro-dimensoes.pdf. Acesso em: 29 ago. 2022.

GALBRAITH, J. R. The star model. *Galbraith Management Consultants*, 2016. Disponível em: http://www.jaygalbraith.com/component/rsfiles/download?path=StarModel.pdf. Acesso em: 29 ago. 2022.

HERNÁNDEZ, F. *et al*. *Aprendendo com as inovações nas escolas*. Porto Alegre: Artmed, 2000.

HORIZON Reports. *EDUCASE*, 2021. Disponível em: https://library.educause.edu/resources/2021/2/horizon-reports. Acesso em: 29 ago. 2022.

HOY, W.; MISKEL, C. *Administração educacional*: teoria, pesquisa e prática. 9. ed. Porto Alegre: Penso, 2015.

LENGEL, J. G. *Education 3.0*: seven steps to better schools. New York: Teachers College, 2013.

LÉVY, P. *A inteligência coletiva*: por uma antropologia do ciberespaço. 8. ed. São Paulo: Loyola, 2011.

MORIN, E.; LE MOIGNE, J. L. *Inteligência da complexidade*: epistemologia e pragmática. Lisboa: Instituto Piaget, 2009. (Epistemologia e Sociedade, 260)

OBJETIVOS de Desenvolvimento Sustentável. *Nações Unidas Brasil*, 2022. Disponível em: https://brasil.un.org/pt-br/sdgs. Acesso em: 29 ago. 2022.

ORGANISATION FOR ECONOMIC COOPERATION AND DEVELOPMENT. *Back to the future of education*: four OECD scenarios for schooling. Paris: OECD Publications, 2020. (Educational Research and Innovation). Disponível em: https://read.oecd-ilibrary.org/education/back-to-the-future-s-of-education_178ef527-en. Acesso em: 29 ago. 2022.

ORGANISATION FOR ECONOMIC COOPERATION AND DEVELOPMENT. *What schools for the future?* Paris: OECD Publications, 2001. (Education and Skills). Disponível em: https://read.oecd-ilibrary.org/education/what-schools-for-the-future_9789264195004-en. Acesso em: 29 ago. 2022.

OSTERWALDER, A.; PIGNEUR, Y. *Business model generation*: inovação em modelos de negócios. Rio de Janeiro: Alta Books, 2011.

PELLEGRINO, J. W.; HILTON, M. L. (ed.). *Education for life and work*: developing transferable knowledge and skills in the 21st century. Washington: National Academies, 2012. Disponível em: https://nap.nationalacademies.org/catalog/13398/education-for-life-and-work-developing-transferable-knowledge-and-skills. Acesso em: 29 ago. 2022.

PERSONALIZAÇÃO do ensino: como colocar o aluno no centro da educação. *Porvir*, 2014. Disponível em: https://personalizacao.porvir.org/. Acesso em: 29 ago. 2022.

PROJETO Triple A. *Colégio Israelita Brasileiro*, Porto Alegre, 2008.

PROJETO Triple A. Fase 2. *Colégio Israelita Brasileiro*, Porto Alegre, 2012.

REIMERS, F. M.; CHUNG, C. K. *Ensinar e aprender no século XXI*: metas, políticas educacionais e currículos de seis nações. São Paulo: Edições SM, 2016.

SCHWAB, K. The fourth industrial revolution: what it means and how to respond. *Foreign Affairs*, 2015. Disponível em: https://www.foreignaffairs.com/world/fourth-industrial-revolution. Acesso em: 29 ago. 2022.

THURLER, M. G.; MAULINI, O. *A organização do trabalho escolar*: uma oportunidade para repensar a escola. Porto Alegre: Penso, 2012.

LEITURAS RECOMENDADAS

BOUDETT, K. P.; CITY, E. A.; MURNANE, R. J. *Data wise*: guia para o uso de evidências na educação. Porto Alegre: Penso, 2020.

COBURN, C. E.; TURNER, E. O. The practice of data use: an introduction. *American Journal of Education*, v. 118, n. 2, p. 99–111, 2012.

COUTINHO, A.; PENHA, A. *Design estratégico*: direções criativas para um mundo em transformação. Rio de Janeiro: Alta Books, 2017.

DUFOUR, R. What is a professional learning community? *Educational Leadership: journal of the Department of Supervision and Curriculum Development*, v. 61, n. 8, p. 6–11, May 2004. Disponível em: https://citeseerx.ist.psu.edu/viewdoc/download?doi=10.1.1.617.5219&rep=rep1&type=pdf. Acesso em: 29 ago. 2022.

GODDARD, R. D.; HOY, W. K.; HOY, W. A. Collective teacher efficacy: its meaning, measure, and impact on student achievement. *American Educational Research Journal*, v. 37, n. 2, p. 479–507, 2000.

HATTIE, J. *Aprendizagem visível para professores*: como maximizar o impacto da aprendizagem. Porto Alegre: Penso, 2017.

HEIFETZ, R.; LAURIE, D. The work of leadership. *Harvard Business Review*, v. 79, p. 131–141, 2001.

LUCKESI, C. C. *Avaliação da aprendizagem escolar*: estudos e proposições. 22. ed. São Paulo: Cortez, 2011.

MANZINI, E. *Design*: quando todos fazem design: uma introdução ao design para a inovação social. São Leopoldo: Unisinos, 2017.

MATURANA, H. R.; VARELA, F. J. *A árvore do conhecimento*: as bases biológicas da compreensão humana. 8. ed. São Paulo: Palas Athena, 2001.

SAWYER, K. R. (org.). *The Cambridge handbook of the learning sciences*. 2. ed. New York: Cambridge University, 2014.

SENGE, P. *et al*. *Escolas que aprendem*: um guia da quinta disciplina para educadores, pais e todos que se interessam pela educação. Porto Alegre: Artmed, 2004.

SCHILDKAMP, K.; LAI, M. K.; EARL, L. *Data-based decision making in education*: challenges and opportunities. Dordrecht: Springer, 2013. (Studies in Educational Leadership, 17).